Vins et autres boissons

CAP • BEP • MISE À NIVEAU BTS

PAR PAUL BRUNET

ÉDITIONS BPI

Espace Clichy - 38, rue Mozart - 92587 Clichy cedex - Tél. 01 41 40 81 40 - Fax 01 41 40 81 41
Site Internet : www.editions-bpi.fr Email : bpi@editions-bpi.fr

Collection ENSEIGNEMENT – FORMATION
RESTAURATION – HÔTELLERIE

- LA CUISINE DE RÉFÉRENCE, Techniques et préparations de base et Fiches techniques de fabrication - version complète, *par M. Maincent* (parution 1993 ; mise à jour 2002)
- LA CUISINE DE RÉFÉRENCE - en deux tomes, *par M. Maincent*
  Tome 1 : Techniques et préparations de base (parution 2001)
  Tome 2 : Fiches techniques de fabrication (parution 2003)
- CUISINE DE RÉFÉRENCE, Préparations et techniques de base et Fiches techniques de fabrication - en un volume, *par M. Maincent* (parution 1993)
- TECHNOLOGIE CULINAIRE, *par M. Maincent* (parution 1995)
- TRAVAUX PRATIQUES DE CUISINE, Fiches techniques de fabrication, *par M. Maincent* (parution 1984)
- PRACTICAL KITCHEN WORK, The basic arts of cooking, *par M. Maincent, traduction M. Anker* (parution 1988)
- AIDE-MÉMOIRE DE L'APPRENTI CUISINIER, *par R. Labat* (parution 1993 ; mise à jour 1999)
- AIDE-MÉMOIRE DES CUISINES EUROPÉENNES ET DES CUISINES RÉGIONALES FRANÇAISES, *par R. Labat* (parution 2006)
- AIDE-MÉMOIRE DE LA GASTRONOMIE EN FRANCE, *par K. Stengel* (parution 2006)
- COMPRENDRE LA CUISINE POUR MIEUX LA MAÎTRISER, *par D. Béhague* (parution 1991)
- BONS GESTES EN RESTAURATION, *par M. Brunet* (parution 2006)
- LA TECHNOLOGIE APPLIQUÉE EN CUISINE, *par D. Béhague* (parution 2001)
- MODULES DE TECHNOLOGIE CULINAIRE – en deux tomes + Fiches d'évaluation, *par M. Faraguna et M. Muschert*
  Tome 1 : Les produits.Versions professeur et élève (parution 2001 ; mise à jour 2006)
  Tome 2. Versions professeur et élève (parution 2002)
- LA CUISINE DE COLLECTIVITÉ, *par M. Grossmann et A. Le franc* (parution 2006)
- MODULES DE TECHNOLOGIE RESTAURANT - BEP/CAP - en deux tomes, *par I. Saujot, M. Strauss et M. Muschert*
  Tome 1.Versions professeur et élève (parution 2005)
  Tome 2.Versions professeur et élève (parution 2006)
- CULTURE ET CONNAISSANCE CULINAIRE - en deux tomes, *par S. Ollivier*
  Bac Techno Hôtellerie Snd (parution 2002)
  Bac Techno Hôtellerie 1ère (parution 2003)
- SAVOIRS ET TECHNIQUES DE RESTAURANT - en deux tomes, *par C. Ferret*
  Tome 1 : Un savoir professionnel pour un service de qualité (parution 2003)
  Tome 2 : Organisation et technologie professionnelles (parution 2002)
- TP RESTAURANT, *par C. Ferret* (parution 2003)
- CONNAISSANCE DES PRODUITS EN RESTAURATION, *par C. Ferret et J- M. Framery* (parution 1999 ; mise à jour 2003)
- PRODUITS DE RESTAURANT, Fiches d'exercices, *par P. Boileau, D. Gautier, M. Grosgeorge et D. Herry* (parution 2000)
- TRAVAUX PRATIQUES DE RESTAURANT – en deux tomes, *par T. Boulicot et D. Jeuffrault (tome1)*
  Tome 1 : Préparations - Découpages - Flambages (parution 1988)
  Tome 2 : Mise en place - Décoration - Service (parution 1987)
- LE VIN ET LES VINS AU RESTAURANT, *par P. Brunet* (parution 1999 ; mise à jour 2005)
- LE VIN ET LES VINS ÉTRANGERS, *par P. Brunet* (parution 1987 ; mise à jour 2004)
- VINS ET AUTRES BOISSONS - BEP/CAP, *par P. Brunet* (parution 1997)
- PRATIQUE DU BAR ET DES COCKTAILS, *par M. Cailhol et B. Grosselin* (parution 1994)
- PLAN COMPTABLE PROFESSIONNEL DE L'INDUSTRIE HÔTELIÈRE (parution 2000 ; mise à jour 2006)
- GESTION DE L'ENTREPRISE - Bac Pro Restauration 1ère et 2ème année - en deux tomes, *par N. Bach et J-C. Oulé* (parution 2003)
- GESTION HÔTELIÈRE – en deux tomes,
  Bac Techno Hôtellerie 1ère, *par M-N. Bontoux et F. Pierson* (parution 2002)
  Bac Techno Hôtellerie Term + Corrigé, *par M. Leurion, T. Lautard et J-J. Cariou* (parution 2003)
- CAS PRATIQUES DE GESTION HÔTELIÈRE – en deux tomes,
  Bac. Techno. Hôtellerie 1ère + Corrigé, *par J-J. Cariou et F. Rey* (parution 2001)
  Bac. Techno. Hôtellerie Term, *par F. Rey* (parution 2002). Divisé en deux ouvrages :
  1) 14 premiers cas + Corrigé
  2) 16 cas suivants + Corrigé
- TECHNIQUES ET MOYENS DE GESTION - en deux tomes, *par J-C. Oulé*
  BTS Hôtellerie-Restauration 1ère année. Divisé en 4 ouvrages : le manuel, le corrigé du manuel,
  les TP, le corrigé des TP (parution 2000 ; mise à jour 2006)
  BTS Hôtellerie-Restauration 2ème année. Divisé en 4 ouvrages : le manuel, le corrigé du manuel, les TP, le corrigé des TP (parution 2002)
- DROIT - BTS Hôtellerie – Restauration 1ère et 2ème année, *par J-J. Cariou et J-C. Oulé* (parution 2002)
- ÉCONOMIE ET DROIT - Bac Techno Hôtellerie Snd, *par R. Graglia et J-L. Cordon* (parution 1994)
- ÉCONOMIE D'ENTREPRISE - BTS Hôtellerie-Restauration 1ère et 2ème année, *par J-P. Barret* (parution 2003)
- MATHÉMATIQUES, Méthodes et Exemples - Bac Techno Hôtellerie 1ère et Term, *par M. Charrier* (parution 2005)
- MERCATIQUE HÔTELIÈRE ET TOURISTIQUE - BTS Hôtellerie-Restauration et BTS Tourisme – en deux tomes, *par C. Van der Yeught*
  BTS 1ère année + Corrigé (parution 1999 ; mise à jour 2005)
  BTS 2ème année (parution 2000 ; mise à jour 2006)
- L'EUROPE CONNAISSANCES EN GASTRONOMIE. Versions professeur et élève, *par R. Bruzzese et D. Tourreille* (parution 2002)
- HÉBERGEMENT ET COMMUNICATION PROFESSIONNELLE - BTS Hôtellerie-Restauration, *par J-F. Coutelou et J. Hannedouchec* (parution 2000)
- ACCUEILLIR, HÉBERGER, COMMUNIQUER – en trois tomes, *par M. Hartbrot et B. Leproust*
  Bac Techno Hôtellerie Snd. Versions professeur et élève (parution 2003)
  Bac Techno Hôtellerie 1ère. Versions professeur et élève (parution 2001)
  Bac Techno Hôtellerie Term. Versions professeur et élève (parution 1999)
- INGÉNIERIE DE LA RESTAURATION ET DE L'HÔTELLERIE, Perspectives nouvelles, *par Jean-Louis Simon* (parution 2007)
- ¡ A SU SERVICIO ! – Bac Techno 1ère et Term et TS mise à niveau, *par M. Covain Geliot* (parution 2006)
- BIENVENUE DANS LE MONDE DE L'HÉBERGEMENT – CAP/BEP 1ère année. Version professeur et élève + Corrigé, *par G. Czapiewski, M- C. Lefer et F. Mainot* (parution 1998)
- L'ALLEMAND EN 10 LEÇONS, Serveurs – Cuisiniers, *par É. Brikké traduction E. Cornalba* (parution 1988)
- L'ESPAGNOL EN 10 LEÇONS, Serveurs – Cuisinier, *par É. Brikké traduction M. Chazal Varela* (parution 1990)
- ANGLAIS Bac Pro, Livret d'activités + Corrigé, *par G. Raguin* (parution 1997)
- L'ANGLAIS EN 10 LEÇONS, Restaurant - en trois ouvrages : livre du professeur, livre de l'élève, livre d'activités + CD et K7, *par É. Brikké* (parution 2000)
- L'ANGLAIS EN 10 LEÇONS, Cuisine - en trois ouvrages : livre du professeur, livre de l'élève, livre d'activités + CD et K7, *par É. Brikké* (parution 2000)
- LA CONJUGAISON, maîtrisez les bases de la grammaire anglaise, *par D. Zélé* (parution 2003)
- SCIENCES APPLIQUÉES À L'ALIMENTATION ET À L'HYGIÈNE – CAP/BEP, *par D. Brunet-Loiseau* (parution 1995)
- SCIENCES APPLIQUÉES À L'ALIMENTATION, *par D. Brunet-Loiseau* (parution 1992 ; mise à jour 1999)
- LA DÉMARCHE HQE® EN RESTAURATION, *par FCSI France*, (parution 2007)
- MODULES DE SCIENCES APPLIQUÉES À L'HYGIÈNE ET À L'ALIMENTATION. Version professeur et élève + Matrices pour transparents, *par M. Paraguna, J. Di Léna Reiland et M. Muschert* (parution 2003)
- MODULES DE SCIENCES APPLIQUÉES À L'ÉQUIPEMENT. Version professeur et élève + Matrices pour transparents, *par M. Paraguna, J. Di Léna-Reiland et M. Muschert* (parution 2000)
- NUTRITION-ALIMENTATION – CARRIÈRES SANITAIRES ET SOCIALES + Corrigé, *par B. Rougier* (parution 2000)
- TECHNOLOGIE, Équipement - entretien - alimentation – CARRIÈRES SANITAIRES ET SOCIALES + Corrigé, *par B. Rougier et A. Chrétien* (parution 2002)
- TECHNOLOGIE, Ergonomie – qualité – animation – technologie des produits – CARRIÈRES SANITAIRES ET SOCIALES + Corrigé, *par M-F. Collombet et S. Goussé* (parution 2003)
- SCIENCES APPLIQUÉES Bac Pro + Corrigé, *par B. Rougier, A. Chrétien, D. Laprévotte et C.Thiébault* (parution 2000)
- DÉCORS ET PRÉSENTATIONS, *par J-P. Lebland et O. Dugabelle* (parution 1990)
- L'ART DES PRÉSENTATIONS, *par J-P. Lebland* (parution 1993)
- ANNALES Bac Pro Restauration. Sujets et corrigés 2000 - 2001 - 2002

Collection ENSEIGNEMENT - FORMATION – TOURISME

- DROIT DU TOURISME, *par D. Rubio-Ayache* (parution 2004)
- L'ANGLAIS DU TOURISME EN 30 ESCALES, *par É. Brikké* (parution 1992)
- PLAN COMPTABLE PROFESSIONNEL DES AGENCES DE VOYAGES (parution 2000 ; mise à jour 2006)
- GÉOGRAPHIE DU TOURISME, *par J-C. Dinety et É. Proust* (parution 2002)
- LES GRANDS BASSINS TOURISTIQUES MONDIAUX, *par Mme Cogen-Vermesse, J- C. Dinety et É. Proust* (parution 1997)
- LA FRANCE DES PATRIMOINES, *J-C. Dinety, É. Proust et M. Rossi* (parution 2003)

Collection BEP et CAP LES MÉTIERS DE LA RESTAURATION ET DE L'HÔTELLERIE
LE NOUVEAU PROGRAMME COMPLET ILLUSTRÉ

- BEP TECHNOLOGIE CULINAIRE, *par M. Maincent, R. Labat et R. Leman* (parution 2002)
- BEP TECHNOLOGIE RESTAURANT + Cahier d'exercices, *par C. Ferret* (parution 2005)
- BEP ENVIRONNEMENT ÉCONOMIQUE, JURIDIQUE ET SOCIAL DE L'ENTREPRISE HÔTELIÈRE + Corrigé, *par C. Balanger* (parution 2005)
- BEP SCIENCES APPLIQUÉES + Corrigé, *par B. Rougier et A. Chrétien* (parution 2002)
- CAP TECHNOLOGIE CULINAIRE, *par M. Maincent, R. Labat, R. Leman* (parution 2003)

Collection CAP RESTAURANT – CUISINE – SERVICES HÔTELIERS
FORMATION PAR ALTERNANCE

- CAP RESTAURANT – en deux tomes, *par J-F. Augez-Sartral*
  CAP Restaurant 1ère année. Versions professeur et élève (parution 2002)
  CAP Restaurant 2ème année. Versions professeur et élève (parution 2003)
- CAP SERVICES HÔTELIERS – en deux tomes, *par J-F. Augez-Sartral et C. Balanger (tome 2)*
  CAP Services Hôteliers 1ère année. Versions professeur et élève (parution 2002)
  CAP Services Hôteliers 2ème année. Versions professeur et élève (parution 2003)
- CAP CONNAISSANCE DE L'ENTREPRISE ET DE SON ENVIRONNEMENT + Corrigé, *par C. Balanger* (parution 2005)

Collection BEP et CAP RESTAURANT – CUISINE
LE NOUVEAU PROGRAMME EN 100 PAGES

- BEP CONNAISSANCES TECHNOLOGIQUES DE CUISINE, *par J-P. Vichard et O. Tondusson* (parution 2004)
- CAP CONNAISSANCES TECHNOLOGIQUES DE RESTAURANT, *par O. Sapelkine* (parution 1998 ; mise à jour 2006)
- CAP CONNAISSANCES TECHNOLOGIQUES DE CUISINE, *par J-P. Vichard et O. Tondusson* (parution 2002)
- CAP SCIENCES APPLIQUÉES + Corrigé, *par B. Rougier, M-F. Jan, O. Legrand* (parution 2004)

Collection DICTIONNAIRE DE…

- DICTIONNAIRE DE RESTAURANT, *par B. Galliot* (parution 2001 ; mise à jour 2004)
- DICTIONNAIRE DE MARKETING, *par J-J. Carriou* (parution 2005)
- DICTIONNAIRE DE LA DÉGUSTATION DES VINS, *par É. Glatre* (parution 2006)
- DICTIONNAIRE DE LA PÂTISSERIE, *par É. Glatre* (parution 2007)

Photo fond de couverture : Arc International
Illustration des vendanges en Égypte sur la couverture : ANIVIT

© Editions BPI 2008 - ISBN : 978-2-85708-448-8

Préface

Préface de Serge Dubs

Meilleur Sommelier du Monde 1989

Meilleur Sommelier d'Europe 1988

Meilleur Sommelier de France 1983

Président de l'Union de la Sommellerie Française

C'est un grand honneur pour moi que de pouvoir préfacer un ouvrage de Paul Brunet. Ce grand Sommelier est un véritable professionnel, unique et exceptionnel, très apprécié pour les services rendus à la sommellerie et l'image qu'il en a toujours donnée. Il est également très apprécié pour ses qualités humaines, son savoir, son authenticité et son humilité. L'humilité est la première qualité d'un sommelier !

D'autre part, c'est l'un des formateurs à qui des centaines de sommeliers doivent une grande reconnaissance pour leur réussite dans ce beau métier. Je lui suis moi-même redevable de mon parcours professionnel. Ses premiers ouvrages sur les vins et les spiritueux, les conseils qu'il m'a prodigués et les recommandations dont j'ai pu profiter ont largement contribué à mon éducation et à ma culture.

Ses ouvrages sont clairs, justes, précis, faciles d'approche pour le néophyte, l'élève, l'étudiant, l'amateur, mais ils sont également utilisés par les professionnels de tout niveau, y compris les plus titrés, qui se réfèrent régulièrement aux livres de l'auteur.

Je me réjouis à chaque fois que Paul Brunet publie ou réédite l'un de ses ouvrages qui sont, comme celui-ci, riches en informations et qui prennent en compte les évolutions les plus récente, surtout sur le plan législatif.

CERTIFICAT D'APTITUDE PROFESSIONNELLE RESTAURANT*

Réf : (arrêté du 11 mai 2005 modifiant l'arrêté du 1er octobre 2001 portant création du CAP restaurant)

*EXTRAIT

Références programme	*SAVOIR ASSOCIÉ 1 : Technologie de service connaissances limites de connaissances*	Voir chapitre
1.6	**LES VINS**	
1.6.1	**LA VIGNE ET LE RAISIN** ■ L'énumération des exemples de facteurs naturels influençant la qualité future des vins. ■ La différenciation des parties composant la grappe et le grain et l'influence des principaux composants. ■ La relation des étapes de maturité sur la qualité des vins à obtenir.	1 et 2
1.6.2	**LES VINIFICATIONS** ■ La comparaison des principales vinifications en rouge en fonction des vins à obtenir. ■ La comparaison des principales vinifications en blanc en fonction des vins à obtenir. ■ La comparaison des principales vinifications en rosé en fonction des vins à obtenir. ■ La présentation des opérations principales pour l'élaboration des vins mousseux et l'influence de ces opérations sur la qualité des vins.	3 et 5
1.6.3	**LA DISTILLATION** ■ L'énumération des opérations essentielles permettant d'obtenir une eau-de-vie de vin.	9
1.6.4	**LES VIGNOBLES ET LES VINS A.O.C. FRANÇAIS** ■ La situation géographique des vignobles A.O.C. français. ■ La qualité et la typicité des vins produits dans chaque région et les appellations les plus représentatives et les plus commercialisées dans la restauration. ■ La lecture et le commentaire d'une étiquette de vin (origine, classification, hiérarchie...) afin de l'identifier rapidement dans la cave du jour ou la cave centrale et de la servir dans les meilleures conditions. ■ L'étude plus approfondie des vins de la région de localisation de l'établissement scolaire ou de la proche région, leur température de service optimum et leur accord avec les mets, en tenant compte des mets proposés par les restaurateurs locaux ou régionaux.	7 et 8
1.6.5	**LE STOCKAGE ET LA CONSERVATION DES VINS** ■ L'énumération des qualités d'une bonne cave de restaurant. ■ La recherche des fonctions d'une cave du jour.	4
1.7	**LES AUTRES BOISSONS SERVIES AU RESTAURANT**	
1.7.1	**LES BOISSONS NON ALCOOLISÉES** ■ La différenciation des produits conditionnés en bouteilles : (une étude plus approfondie des eaux servies au restaurant) - eaux minérales et eaux de sources, - sodas (principales marques), - jus de fruits (principaux fruits utilisés et différentes méthodes d'obtention).	10
1.7.2	**LES AUTRES BOISSONS FERMENTÉES** ■ La présentation des autres boissons fermentées couramment consommées, en particulier la bière. L'énumération de quelques marques les plus connues d'Europe et leur origine.	9
1.7.3	**LES BOISSONS ALCOOLISÉES** ■ La différenciation des familles de produits et l'énumération des appellations ou marques les plus représentatives : - eaux-de-vie, - apéritifs, - liqueurs, - crèmes.	9
1.7.4	**LES BOISSONS CHAUDES** ■ La différenciation des boissons chaudes présentées au restaurant et leurs caractéristiques : - cafés, - thés, - infusions, - produits d'accompagnement. ■ L'évolution de l'offre.	10
1.7.5	**LES BOISSONS ET LA LOI** ■ La présentation de la législation concernant la vente des boissons en restauration : - les familles de boissons, - les licences, - les affichages obligatoires.	11
1.8	**LES SUPPORTS DE VENTE**	12
1.8.1	**LES MENUS** ■ La différenciation des types de menus en les plaçant dans le contexte de l'exploitation (plat du jour, menu banquet, ...)	
1.8.2	**LES CARTES** ■ La lecture et l'interprétation d'une carte des mets et d'une carte des vins, la recherche des principes commerciaux et des obligations légales de présentation.	
C.24	**TECHNIQUES DE SERVICE ET DE COMMERCIALISATION** ■ Service des boissons. ■ Apéritifs et digestifs. ■ Effectuer le service au plateau au départ du bar. Choisir les verres adéquats et apprécier les doses servies. Doser et élaborer des cocktails classiques simples à partir de fiches techniques.	12
	VINS ET AUTRES BOISSONS ■ Choisir, en fonction d'un vin donné ou d'une autre boisson, la verrerie adaptée. Respecter les consignes de stockage et de conservation (cave générale et cave du jour). ■ Conditionner chaque type de vin, chaque boisson afin de les servir à bonne température et de les mettre en valeur. ■ S'assurer de la concordance entre le produit commandé et le produit présenté au client (suivi rigoureux de l'étiquetage). ■ Déboucher avec méthode en fonction de la présentation de la bouteille : droite, dans un seau, dans un panier. ■ Effectuer avec soin le service des vins en respectant les règles de préséance en assurer le suivi et la débarrassage.	12
	BOISSONS CHAUDES ■ Choisir le matériel. ■ Boissons approprié au service de chaque boisson, en effectuer le service au plateau ou à la verseuse.	10
	ANALYSE SENSORIELLE ■ Découvrir et reconnaître les défauts des vins les plus fréquents (goût de bouchon, madérisation).	5

BREVET D'ÉTUDE PROFESSIONNELLES DES MÉTIERS DE LA RESTAURATION ET DE L'HÔTELLERIE

SAVOIR ASSOCIE 2 : Technologie de services

CONNAISSANCES	LIMITES DE CONNAISSANCES (on se limitera à :)	Voir chapitre
2.7.1. LA VIGNE - LE RAISIN	■ Les diverses parties de la grappe et du grain de raisin, leurs composants essentiels et leurs influences sur la qualité future des vins. ■ Les principaux cépages.	1 et 2
2.7.2. LES VINIFICATIONS	■ Les principales opérations mises en oeuvre dans les diverses méthodes de vinification en rouge. ■ Le principe de la vinification en blanc en précisant les opérations de vendange et de vinification particulières pour obtenir des vins blancs liquoreux. ■ Les procédés d'obtention des vins mousseux. ■ Les méthodes de vinification des vins rosés. ■ Le procédé d'obtention des V.D.N. et V.D.L.	3 et 5
2.7.3. LE STOCKAGE ET LA CONSERVATION DES VINS	■ Les fonctions et les qualités d'une cave générale et d'une cave du jour.	4
2.7.4. LES VIGNOBLES ET LES VINS A.O.C. FRANÇAIS	■ La situation des vignobles A.O.C. français et la localisation de chacun d'eux à partir de points de repères géographiques. On se limitera à : - Les Appellations d'Origines Contrôlées génériques. ■ Leurs couleurs et les caractères principaux. ■ L'étude particulière des vins les plus consommés avec la gastronomie et les spécialités locales.	7 et 8
2.7.5. LES AUTRES BOISSONS ALCOOLISÉES	■ Les familles de produits - Eaux-de-vie - Apéritifs - Liqueurs - Cidres - Crèmes - Bières	9
2.7.6. LES BOISSONS NON-ALCOOLISÉES	■ Les familles de produits - Eaux minérales - Sodas - Sirops - Jus de fruits	10

TECHNIQUES DE SERVICE ET COMMERCIALISATION

TECHNIQUES A	TECHNIQUES B	Voir chapitre
	Apéritifs et digestifs	
Effectuer le service au plateau au départ du bar	Choisir les verres adéquats et apprécier les doses servies. Doser et élaborer des cocktails classiques simples à partir de fiches techniques.	
	Vins et autres boissons	
Choisir, en fonction d'un vin donné ou d'une autre boisson à verrerie adaptée.	Respecter les consignes de stockage et de conservation (cave générale et cave du jour).	10
Conditionner chaque type de vin, chaque boisson afin de les servir à bonne température et de les mettre en valeur.	S'assurer de la concordance entre le produit commandé et le produit présenté au client (suivi rigoureux de l'étiquetage).	10
Déboucher avec méthode en fonction de la présentation de la bouteille : droite, dans un seau, dans un panier.		10
Effectuer avec soin le service des vins en respectant les règles de préséance en assurer le suivi et la débarrassage.		10
	Boissons chaudes	
Choisir le matériel approprié au service de chaque boisson, en effectuer le service au plateau ou à la verseuse.		10
	Analyse sensorielle	
	Découvrir et reconnaître les défauts des vins les plus fréquents (goût de bouchon, madérisation)	5

Sommaire

8 - Présentation succincte des principaux vignobles français

Pour chaque vignoble : Bref historique - Situation géographique, sols, climat et importance du vignoble - Principaux cépages - Classification(s) - Appellations - Caractères des vins - Température de service et accords vins et mets.

9 - Les autres boissons alcoolisées

10 - Les boissons non alcoolisées

11 - Les boissons et la loi

12 - La commercialisation et le service

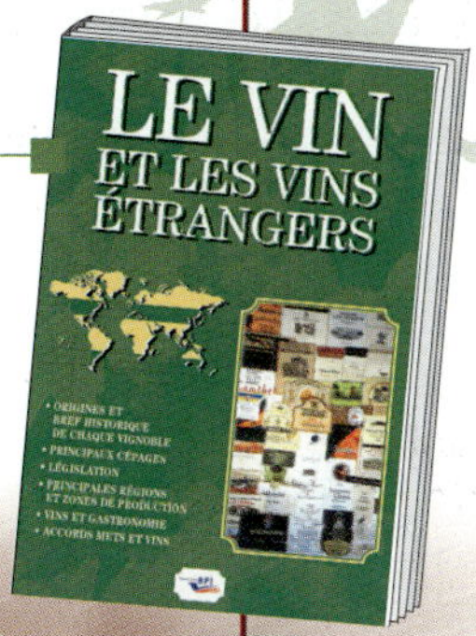

Remerciements et bibliographie

Quelques mots de l'auteur

En restauration, quel que soit le type d'établissement, **la vente des boissons représente une part importante du chiffre d'affaires.** C'est la raison pour laquelle l'étude des boissons en général, et celle des vins en particulier, fait partie des programmes de l'enseignement hôtelier.

Objectif de cet ouvrage :

- Préparer les élèves et les étudiants des lycées hôteliers et des C.F.A. à l'examen.
- Donner les bases indispensables pour les premières expériences professionnelles (stages, premier emploi).
- Aider les professeurs à mettre en évidence les connaissances essentielles dans un domaine très vaste et qui évolue très rapidement.

Pour atteindre ces objectifs, ce sont **les programmes des classes de CAP, BEP et mise à niveau BTS** qui ont servi de fil conducteur à la réalisation de cet ouvrage.

Évolutions :

Depuis quelques années, l'enseignement des vins a évolué. Fini le temps où l'on demandait aux élèves ou aux étudiants une énumération fastidieuse de crus plus ou moins connus, de réciter par cœur les crus classés du Médoc en 1855 ou de citer les 13 cépages admis pour l'A.O.C. Châteauneuf-du-Pape. Mais un minimum de connaissances reste indispensable pour tous ceux qui se destinent à la restauration.

De nos jours, la prise en compte des nouvelles attentes de la clientèle (service du vin au verre, possibilité d'emporter sa bouteille entamée à la fin du repas, préférence pour les vins de faible degré, recherche de vins issus de cultures biologiques et bio dynamiques, recherche d'appellations peu connues, découverte de nouvelles boissons, issues ou non du raisin, etc.) a autant d'importance que les connaissances basiques sur l'élaboration des vins et les régions de production.

Dans cet ouvrage, l'approche professionnelle, notamment au niveau de la commercialisation, a été privilégiée. En effet, dernier maillon de la chaîne, la personne qui assure le service des boissons (sommelier, restaurateur, maître d'hôtel, chef de rang, commis, etc.) **doit impérativement respecter certaines règles :** vérifier l'état du matériel, en particulier de la verrerie et des tasses. couper la capsule au bon endroit, choisir les verres appropriés, servir les différentes boissons à bonne température, ne jamais faire preuve de suffisance ou imposer ses choix personnels, avoir toujours présent à l'esprit que le meilleur service est celui qui passe inaperçu, etc.

Moyens :

Des schémas très simples.

De très nombreuses illustrations : photos, étiquettes…

Des moyens mnémotechniques, exemple : le système de couleur, utilisé par l'auteur depuis très longtemps : les appellations qui produisent des vins rouges figurent en rouge (Médoc), celles qui produisent des vins blancs en bleu (Chablis), celles qui produisent du blanc et du rouge sont présentées de cette façon : (Graves). Pour éviter les confusions avec crus, villes-repères, cépages, etc., seules les appellations d'origine figurent en couleur.

Des tableaux identiques pour les accords vins et mets pour chaque région de production.

Etc.

Par la suite, toux ceux, et ils sont nombreux, qui se passionnent pour le monde fabuleux de la vigne et du vin, pourront avoir recours à des ouvrages plus complets et à des formations spécialisées comme la mention complémentaire sommellerie, des stages chez un vigneron, etc. Mais à chaque jour suffit sa peine.

1. La Vigne

Origine et bref historique

Attention, il ne faut pas confondre vigne et viticulture.

La VIGNE, qui est considérée comme une des plantes les plus anciennes de la terre a précédé l'homme sur notre planète. Il s'agissait bien évidemment de vigne sauvage ; La VITICULTURE elle, est apparue beaucoup plus tard, vers 7 000 av. J.-C., lorsque les hommes ont commencé à cultiver la vigne.

Parmi les premiers viticulteurs, il faut citer : les ÉGYPTIENS, les GRECS puis les ROMAINS.

Ce sont les Grecs qui ont introduit la culture de la vigne en Gaule, il y a 25 siècles.

Quelques grandes étapes :

- **600 av. J.-C. :** apparition de la viticulture en Gaule. D'abord localisée sur les rives de la Méditerranée, elle s'est propagée rapidement.
- **Au Moyen-Âge :** ce sont surtout les gens d'église, essentiellement les moines, qui ont propagé la viticulture, surtout autour des monastères. Certains de nos vignobles parmi les plus prestigieux datent de cette époque. Exemple : le célèbre Clos de Vougeot en Bourgogne.
- **XVe et XVIe siècle :** apparition de la viticulture en Amérique latine (Mexique, Chili, etc.). Cette étape, très importante au moment où l'on parle de plus en plus des vins du Nouveau Monde, ne doit pas être passée sous silence. La viticulture est apparue plus tardivement en Afrique du Sud (vers 1650) et en Australie (1788).
- **Deuxième partie du XIXe siècle :**

Développement du trafic ferroviaire ce qui facilite le transport des vins du Midi, entre autres.

Apparition du phylloxéra qui a ravagé le vignoble français et la plupart des vignobles européens. Pour lutter contre ce fléau un seul moyen : greffer les vignes européennes sur des porte-greffes d'origine américaine. À quelques rares exceptions, tous les vins produits en Europe sont issus de vignes greffées sur porte-greffe américain.

Travaux de Pasteur *sur les maladies de la vigne et sur la fermentation alcoolique. Il est, à juste titre, considéré comme le « Père de l'œnologie moderne ».*

- **1935 :** création des A.O.C. (Appellations d'Origine Contrôlée) et de l'I.N.A.O. (Institut National des Appellations d'Origine)*.
- **De 1960 à nos jours :** diminution d'un tiers de la superficie du vignoble français.

Extension spectaculaire des vignobles dits « du Nouveau Monde ».

*Institut National de l'origine et de la qualité, depuis 2007.

SOURCE : DOCUMENT ANIVIT

En Egypte 1400 ans avant J.-C.

LA GAULE - LA FRANCE
Développement du vignoble.
Les acteurs de la croissance du vignoble

Pendant la période gallo-romaine, le vignoble suit deux lignes d'implantation; un itinéraire Narbonne, Toulouse, Gaillac, Bordeaux, un second itinéraire, Avignon, Vienne, Bourgogne, Moselle.

SOURCE : DOCUMENT ANIVIT

Histoire du vigneron et de la vigne

SOURCE : DOCUMENT ANIVIT

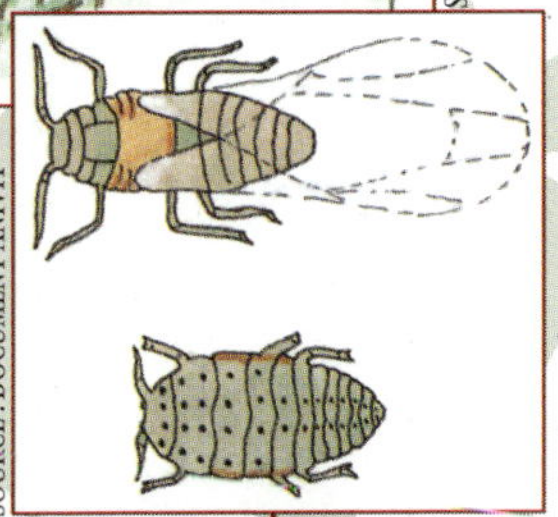

SOURCE : DOCUMENT ANIVIT

LE PHYLLOXÉRA

Le phylloxéra est un pou térébrant à forme volante et à forme dévorante. Dans sa forme dévorante, ce minuscule insecte s'attaque aux racines de la vigne et provoque la mort des pieds de vigne. Le phylloxéra appartient au milieu biologique des États-Unis.

SOURCE : INSTITUT PASTEUR

Pasteur dans son laboratoire par Edelfelt

Implantation de la vigne en France et dans le monde

OÙ TROUVE-T-ON LA VIGNE EN FRANCE ?

Elle est présente dans toutes les régions, à l'exception du Nord-Ouest.

(voir la carte ci-dessous)

OÙ TROUVE-T-ON LA VIGNE DANS LE MONDE ?

Contrairement à une opinion très répandue, la vigne n'est pas présente dans le monde entier. Certes, elle est présente dans les deux hémisphères mais pour des raisons climatiques, elle ne peut être cultivée qu'au voisinage des 40e parallèles Nord et Sud.

(voir schéma ci-contre)

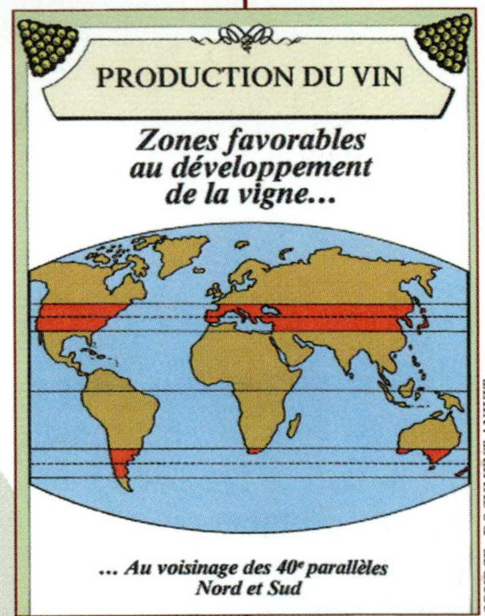

SOURCE : DOCUMENT ANIVIT

Différentes espèces et variétés de vigne - Les cépages

Dans le monde, il existe différentes espèces de vigne. Mais tous les vins que nous allons rencontrer dans cet ouvrage sont issus de l'espèce européenne : VITI VINIFERA. C'est la seule qui est apte à produire des vins de qualité. Tous les cépages que nous connaissons (Sauvignon, Merlot, Pinot noir, etc.) appartiennent à cette espèce.

Qu'est-ce qu'un cépage ?

Pour chaque espèce de vigne, il y a différentes variétés (comme il y a différentes variétés de pommes ou de poires). Pour la vigne, c'est le mot CÉPAGE qui est utilisé pour désigner la variété. Par exemple : le Chardonnay, le Pinot noir, le Cabernet-sauvignon, le Gamay... sont des cépages.

Répartition des cépages dans le vignoble français

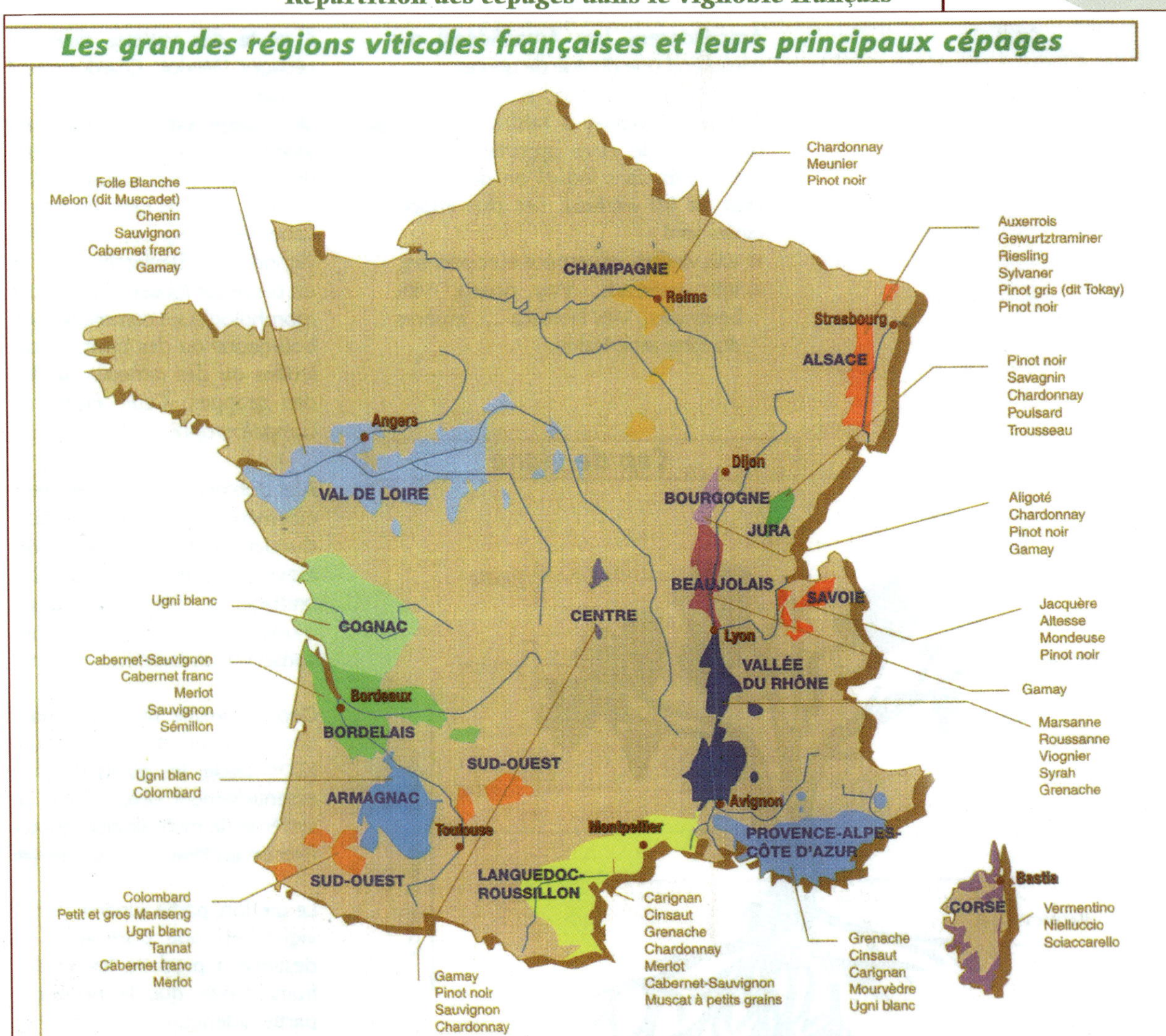

SOURCE : DOCUMENT VINIFLHOR

Cycle végétatif de la vigne

Le tableau « le cycle végétal de la vigne - l'année vigneronne » nous permet de comprendre les différentes étapes en fonction des saisons :

HIVER

De novembre à février, la sève ne circule plus dans la plante, la vigne est au repos mais pas le vigneron. C'est durant cette période qu'intervient **LA TAILLE**. Cette opération est très importante car elle va avoir beaucoup d'influence sur la quantité et le qualité de vin produit.

Taille de la vigne

SOURCE : DUBŒUF

PRINTEMPS

En mars/avril, la sève circule à nouveau, les bourgeons apparaissent, c'est le **DÉBOURREMENT.**

En mai ou juin (selon les régions), la vigne fleurit, c'est la **FLORAISON.** Elle intervient environ 100 jours avant les vendanges.

Vigne en fleur, début de nouaison

SOURCE : CIVA COLMAR PHOTO HAMM

ÉTÉ

Les fleurs pollinisées par les insectes se sont transformées en petits grains verts, c'est la **NOUAISON.**

Une soixantaine de jours après la formation des grains (nouaison) ces derniers changent de couleur, c'est la **VÉRAISON.** Elle se traduit par l'augmentation des sucres et la diminution de l'acidité à l'intérieur des grains.

La véraison

SOURCE : BRUNET

AUTOMNE

Une quarantaine de jours après le début de la véraison, le raisin arrive à **MATURITÉ** et peut être vendangé. Selon les régions et l'année, les **VENDANGES** ont lieu à la fin de l'été ou au début de l'automne.

Dans certains cas, on va attendre la ***SURMATURATION*** *pour vendanger. C'est ce qui se passe pour les vins moelleux ou liquoreux type Sauternes et pour les vendanges tardives.*

PHOTO : BRUNET

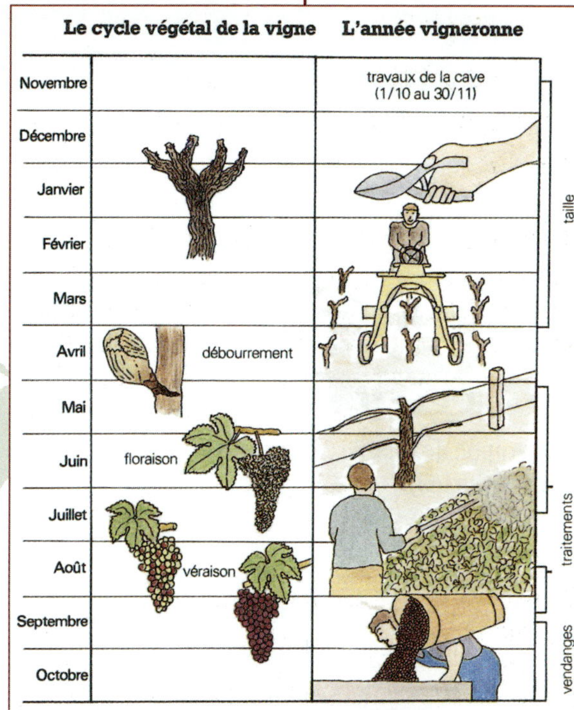

SOURCE : DOCUMENT ANIVIT

Histoire du vigneron, de la vigne et du vin

Pour la petite histoire

Savez-vous qui a appris aux hommes à tailler la vigne ?

Un âne, et pas n'importe quel âne puisqu'il s'agissait de celui de Saint-Martin, évêque de Tours au VIe siècle (célèbre pour avoir partagé son manteau avec un pauvre).

Saint-Martin ayant attaché la brave bête à un arbre, celle-ci se détacha pour aller brouter la vigne toute proche. Désolation de notre évêque, jusqu'au moment où l'on constata que la vigne ainsi broutée donnait des raisins de bien meilleure qualité que celle qui n'avait pas subi les « outrages » de la bête. Évidemment, il ne s'agit que d'une légende, que l'on raconte différemment dans d'autres régions (en Grèce, par exemple). Mais pourquoi n'en aurait-il pas été ainsi ?

2. Le Raisin

Le raisin est le fruit de la vigne. En France et dans la plupart des pays du monde, le nom de VIN est réservé exclusivement au produit provenant de la fermentation du jus de raisin. Il faut en moyenne 1,5 kg de raisin pour élaborer un litre de vin.

La grappe

Une grappe de raisin se compose de deux parties : **la rafle et les grains (baies).**

A - LA RAFLE

Elle sert à maintenir les grains. C'est par la rafle qu'arrivent jusqu'aux grains les éléments nutritifs indispensables puisés dans le sol (eau, éléments minéraux...) ou élaborés au niveau des feuilles (sucre, ...).

En règle générale, pour l'élaboration des vins rouges, la vendange est éraflée, mais certains vinificateurs préfèrent conserver tout ou partie des rafles pour obtenir des vins plus structurés.

B - LES GRAINS (baies)

Ils sont composés de trois éléments essentiels : **LA PELLICULE, LA PULPE et LES PÉPINS.**

LA GRAPPE

La pellicule (ou peau)

Elle est recouverte d'une matière cireuse : la pruine qui retient les levures apportées par le vent et les insectes. La pellicule est très importante en vinification car elle contient des substances aromatiques, et pour les raisins rouges, les matières colorantes.

La pulpe

C'est la partie la plus importante du grain. Elle contient :

- ***de l'eau*** (80 % en moyenne). N'oublions pas que l'eau est l'élément le plus important, en volume, dans le vin.
- ***des sucres*** dont la quantité varie en fonction du cépage et de la maturité (elle-même liée aux conditions climatiques). La quantité de sucre, par litre de moût se situe généralement entre 150 et 250 g, parfois plus pour des vins de type vendanges tardives ou pour les moûts destinés à l'élaboration de vins doux naturels.

Au cours de la vinification, la fermentation alcoolique transforme ces sucres en alcool, en gaz carbonique et produits secondaires.

- ***des acides*** (tartrique, citrique, malique) quelques grammes seulement, mais ils sont aussi importants que les sucres. Ils participent à l'équilibre du vin, auquel ils confèrent de la fraîcheur.
- ***des matières minérales, des matières azotées, etc.***

Les pépins

Ils contiennent de l'huile et des tanins, ces derniers ont beaucoup d'importance dans l'élaboration des vins rouges.

Le grain

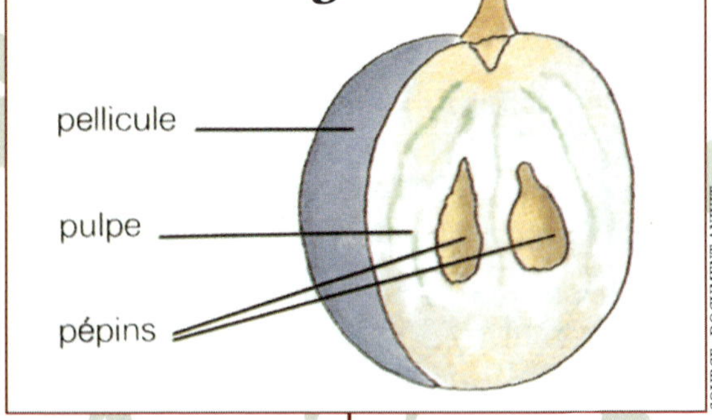

Les facteurs qualitatifs

La composition, donc la qualité des raisins, et plus tard celle du vin, varie en fonction de différents facteurs.

Facteurs liés au milieu cultural sur lesquels l'homme n'a pas ou a peu d'influence.

Le sol : il doit être bien drainé et pas trop fertile.

Le climat : par sa situation géographique, pratiquement à mi-distance de l'équateur et du pôle nord, la France bénéficie de climats très favorables à la viticulture.

L'orientation : les meilleurs vignobles sont souvent situés à flanc de coteaux.

Facteurs sur lesquels l'homme peut intervenir.

Le sol, le climat et l'orientation ne suffisent pas pour élaborer un bon vin. L'intervention de l'homme est toujours déterminante. Il intervient en particulier sur :

- **Le choix du cépage, en fonction du terroir.**
- **Le choix du porte-greffe.**
- **Le mode de conduite et le rendement.**
- **La détermination de la date des vendanges.**
- **Les vinifications et l'élevage.**

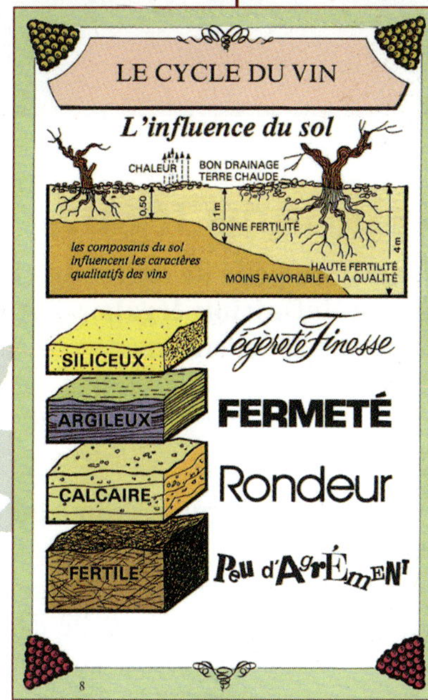

SOURCE : DOCUMENT ANIVIT

SOURCE : DOCUMENT ANIVIT

PHOTO : BRUNET

Les meilleurs vignobles sont souvent situés à flanc de coteaux

PHOTO : BRUNET

Sol à Châteauneuf-du-Pape

3. Le Vin

Définitions légales

- **VIN : il paraît difficile de parler du vin sans en donner sa définition légale :** « Produit obtenu **exclusivement par** la fermentation alcoolique totale ou partielle de **raisins frais,** foulés ou non, ou de **moût de raisin** (définition communautaire 17/05/1999) ». Il ne peut donc pas exister de vin de pêche, de groseille, etc.

- **MOÛT : le moût est le nom donné au jus de raisin frais avant fermentation.**

Cette définition fait référence à la **fermentation alcoolique**. Cette opération est l'étape essentielle dans la transformation du jus de raisin ou moût en vin au cours des différentes **vinifications.**

Le moût est plus ou moins riche en sucre, généralement de 140 à 250 g par litre. On verra par la suite que la quantité d'alcool contenue dans un vin est en relation étroite avec la quantité de sucre du moût. Cette quantité de sucre dans le moût, est, elle, en relation avec le cépage, mais aussi et surtout avec les conditions climatiques et la maturité du raisin.

On admet généralement qu'il faut environ **17 grammes de sucre** pour obtenir 1 degré d'alcool. C'est-à-dire qu'un moût qui contient 170 grammes de sucre permet d'obtenir un vin de 10 degrés environ, souvent exprimé sous la forme « 10 % d'alcool en volume ».

SOURCE : DOCUMENT ANIVIT

Les hommes (ou les femmes) du vin

Les hommes du vin

Entre la plantation du pied de vigne et l'arrivée du vin dans le verre du client, de nombreuses personnes vont intervenir. Ce sont les « hommes du vin ». Mais il faut savoir que de plus en plus de femmes sont présentes dans l'ensemble de ces métiers (viticultrices, œnologues, sommelières, etc.).

Dans les petites exploitations, très nombreuses en France, le vigneron cumule souvent plusieurs de ces fonctions.

PHOTO : BRUNET

Vigne de Pasteur à Arbois

Les fermentations

LA FERMENTATION ALCOOLIQUE

Personne n'a « inventé » la fermentation alcoolique. Il s'agit d'un phénomène spontané. En revanche, c'est Pasteur qui, au XIXe siècle, a donné l'explication rationnelle de ce phénomène. Ses travaux sur les vins font qu'il est considéré aujourd'hui comme le « Père de l'œnologie moderne ».

Pour définir de façon succincte une fermentation, il suffit de se poser trois questions :

- ***Qu'est-ce qui se transforme ?***
- ***En quoi ?***
- ***Sous l'action de quoi ?***

Qu'est-ce qui se transforme ? *Les sucres.*
En quoi ? *En alcool éthylique, en gaz carbonique et en produits secondaires.*
Sous l'action de quoi ? *Des enzymes (micro-organismes) sécrétées par les levures.*

Les levures :
Les levures (micro-organismes) responsables de la fermentation alcoolique sont présentes sur la pruine du raisin (partie extérieure de la pellicule). Mais très souvent les vinificateurs utilisent des levures sélectionnées achetées dans le commerce.

Les levures sont sensibles :
- *à la température :* si moins de 10 °C ou plus de 35 °C, problème de fermentation. C'est la raison pour laquelle une cuve en fermentation est suivie comme un malade à l'hôpital. Chaque jour, il faut prendre la température et la relever sur un graphique. Le vinificateur a à sa disposition des moyens pour intervenir sur les températures en cours de fermentation. Les plus sophistiqués utilisent l'informatique.
- *à l'alcool :* si on ajoute une certaine quantité d'alcool dans une cuve en fermentation, la fermentation s'arrête. Cette façon de procéder est utilisée pour l'élaboration des Vins Doux Naturels (V.D.N.).

LA FERMENTATION MALOLACTIQUE

Il n'est pas nécessaire pour un restaurateur de maîtriser le mécanisme de cette fermentation, mais certains clients y font référence, il faut donc savoir de quoi il s'agit.

En réalité, il s'agit de la rétrogradation (transformation) de l'acide malique en acide lactique.

Cette fermentation qui intervient après la fermentation alcoolique est recherchée de façon systématique sur les vins rouges. Elle est facultative pour les blancs. C'est le vinificateur qui décide en fonction du type de vin qu'il souhaite obtenir. Elle se traduit par une baisse sensible de l'acidité réelle du vin.

RÉSUMÉ DE L'ACTION DE LA TEMPÉRATURE

40°C	Arrêt de la fermentation.
35°C	Ralentissement de la fermentation.
28°C	
	Température idéale de fermentation.
20°C	
10°C	Travail ralenti des levures (recherché pour certaines vinifications spéciales, expl : deuxième fermentation dans les méthodes champenoise et traditionnelles).
0°C	Pas de fermentation.

SOURCE : D'APRÈS UN DOCUMENT ANIVIT

UNE ŒUVRE HUMAINE

De cave en moûts fermentés

Le vin est issu de la fermentation alcoolique. Le sucre du raisin va être transformé en alcool par les levures. C'est un processus similaire qui permet l'élaboration du pain.

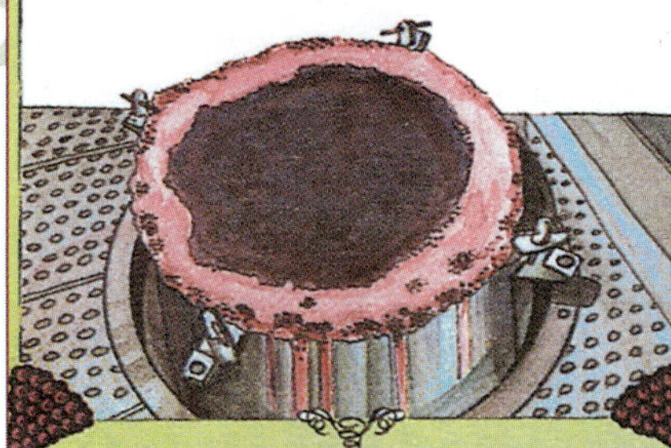

SOURCE : DOCUMENT ANIVIT

PHOTO : MILLO

C'est la pruine, partie cireuse, située sur la pellicule, qui retient les levures ; ici sur une grappe de Mourvèdre.

LES LEVURES...

Martin Vialatte Œnologie — L'œnologie du futur...
Oenofrance
STATION ŒNOTECHNIQUE de CHAMPAGNE — Experts en effervescence

PHOTO : MILLO

Levures sélectionnées

Les vinifications

Il s'agit d'opérations très complexes.

Le tableau ci-dessous, même s'il est succinct, permet à une personne qui travaille en restauration, de bien visualiser les phases essentielles et les différences entre les différentes vinifications.

TABLEAU COMPARATIF DES DIFFÉRENTES VINIFICATIONS

	Vins rouges	Vins blancs	Vins rosés	Observations
Couleur des raisins	Rouges	Essentiellement blancs*	Rouges	**Certains vins blancs sont issus de raisins rouges, par exemple en Champagne.*
Vendanges	Oui	Oui	Oui	Elles s'effectuent soit à la main soit à la machine à vendanger.
Égrappage	Oui, sauf quelques rares exceptions	Non	Facultatif	Séparation des baies et des rafles.
Foulage	Oui	Oui	Oui	Éclatement des baies pour libérer le jus (moût).
Pressurage	Plus tard, après macération et fermentation	Oui, avant la fermentation alcoolique	Oui* ou Non**	**Pour les vins obtenus par pressurage direct (vin gris).* ***Pour les rosés dits « de saignée ».*
Macération	Oui	Non	Oui* ou Non**	**De courte durée (saignée).* ***Élaboration des vins gris.*
Fermentation alcoolique	Oui	Oui	Oui	
Pressurage	Oui, après la macération et la fermentation alcoolique	Il a eu lieu avant la fermentation alcoolique (voir observations)	Non, pour les rosés « de saignée ». Oui, pour les vins gris.	*N.B. : Pour la vinification en blanc, c'est du jus du raisin qui sort du pressoir, dans le cas d'une vinification en rouge, c'est déjà du vin.*
Clarification et stabilisation	Oui	Oui	Oui	
Mise en bouteilles ou autres contenants	Oui*	Oui*	Oui	**Cette opération peut intervenir après un élevage plus ou moins long en barriques ou en cuves, surtout pour les rouges.*

À la lecture de ce tableau, on constate :

Que la plupart des opérations sont communes aux différentes vinifications. La particularité de la vinification en blanc est l'absence de macération.

D'autres informations sur les vinifications figurent dans le chapitre « différents types de vins ». Vous y retrouvez, entre autres, des informations sur les vinifications dites « vinifications spéciales » : vins effervescents, V.D.N. et V.D.L., etc.

Les évolutions récentes

L'élaboration des vins évolue régulièrement en raison de l'évolution des techniques mais aussi des goûts des consommateurs.

ÉVOLUTION DES TECHNIQUES

Parmi les évolutions des techniques, peuvent être citées :
- l'utilisation de cuves en inox, de nouveaux types de pressoirs…
- la maîtrise des températures grâce aux cuves autorégulées et à l'informatique,
- le développement des cultures biologiques et bio dynamiques,
- les recherches permanentes sur le matériel végétal et les vinifications.

PHOTO : BRUNET (MUSÉE DUBCEUF)

Ancien pressoir. Utilisé depuis des siècles. Bons résultats, mais lent. Ne permet pas de traiter de grosses quantités de vendanges. Perte de temps, surtout au moment du rebêchage. (Rebêchage : action qui consiste à émietter le gâteau de marc entre chaque pressée.)

PHOTO : PELLENC

Machine à vendanger

PHOTO : BRUNET

Pressoir moderne

ÉVOLUTION DES GOÛTS DES CONSOMMATEURS

Jadis un bon rouge ne pouvait être qu'un vin ayant séjourné plusieurs années en cave. Il reste encore de nombreux amateurs de ce type de vin. Mais, de nos jours, pour différentes raisons, une partie des consommateurs recherche des vins à boire plus jeunes « sur le fruit ». Les responsables des vinifications (œnologues, vignerons…) doivent s'adapter, en essayant de concilier, autant que faire se peut, tradition et évolution. Force est de reconnaître que dans l'ensemble, les résultats sont à la hauteur du défi.

SOURCE : VINICOLE PERA - PHOTO : C. O'SUGHRUE

Le matériel doit s'adapter en permanence aux nouvelles méthodes de vinification et aux exigences des vignerons.

PHOTO : BRUNET

Cave ancienne

4. L'élevage, le stockage et la conservation

Les différentes étapes

Il ne faut jamais oublier que le vin est vivant. En tant que tel, sa vie va connaître différentes étapes. Après sa « venue au monde » il va, soit être livré rapidement à la consommation (cas des vins primeurs), soit subir un élevage plus ou moins long en bouteilles ou en fûts. Pour les grands vins, cet élevage s'effectue souvent en fûts de chêne, ce qui implique différentes opérations souvent appelées « soins essentiels ». Ce sont **l'ouillage**, le **collage** et le **soutirage**. Ensuite, le vin est mis en bouteilles et stocké plus ou moins longtemps. Durant ce **stockage,** qui s'effectue généralement en cave, il faut rechercher les conditions optimales pour obtenir une bonne **conservation.**

Élevage en fûts

PHOTO : BRUNET

L'élevage et les soins essentiels

Lorsqu'un vin est conservé en fûts une certaine quantité disparaît. Dans le cas de fûts neufs, le bois « prend sa part » ; dans tous les cas, il y a une légère évaporation. Il faut impérativement compenser le vide ainsi formé. Cette opération s'appelle **l'ouillage.** Elle évite au vin des maladies d'origine microbienne, comme la piqûre acétique (transformation du vin en vinaigre).

Le vin naît trouble. Il peut être clarifié par filtrage, par centrifugation mais également par collage. C'est cette dernière technique qui est utilisée pour la plupart des « grands vins ». Le **collage** consiste à introduire dans le vin alors qu'il est encore en fûts ou en cuves des produits tels que du blanc d'œuf (surtout pour les grands vins rouges), de la colle de poisson (pour les vins blancs), de la bentonite, etc. Par précipitation, les éléments en suspension dans le vin sont entraînés vers le fond du récipient. On pratique alors un **soutirage.** C'est l'opération qui consiste à séparer le vin de son dépôt par transvasement d'un récipient dans un autre.

Élevage en fûts et en bouteilles

PHOTO : BRUNET

SOURCE : DOCUMENT RÉALISÉ À PARTIR D'UN DOCUMENT TONNELLERIE RADOUX

La conservation des vins

Pendant combien de temps peut-on conserver un vin ?

La conservation d'un vin dépend essentiellement des facteurs suivants :

- sa nature : blanc, rouge, sec, moelleux, etc.
- son origine : région septentrionale, région méridionale, sa constitution (alcool, tanin, acidité...) qui dépend elle-même de la nature du sol, du cépage...
- des conditions climatiques (variables selon les millésimes), du type de vinification.
- des soins apportés lors de la vinification et du stockage.

Millésimes et conservation

L'expérience prouve que dans les grands millésimes, les vins ont souvent une meilleure aptitude à la conservation que dans les millésimes réputés « petits ». Il ne faut pas pour autant rejeter les « petits millésimes » (il n'existe plus de mauvais millésimes !). Les petits millésimes ont souvent l'avantage d'arriver à maturité plus rapidement que les grands. Ce qui constitue un avantage incontestable, surtout pour un restaurateur. D'autre part, il faut savoir que la notion de millésime a moins d'importance pour les vignobles méridionaux que pour ceux qui sont situés près de la limite nord de la culture de la vigne (Champagne, Alsace, Chablis, ...).

PHOTO : BRUNET

Quelques citations

« Laisse ton vin mûrir, ne le laisse pas nourrir ».
Pierre Poupon. Poète bourguignon.

« Après un an, deux ans ou... vingt ans, le vin atteindra le sommet de sa qualité, mais il descendra ensuite la pente... Après cent ans, on le boira avec beaucoup de plaisir, peut-être, mais à coup sûr avec respect ».
J.R. Humbert Droz

Le stockage - la cave

Après sa mise en bouteilles, le vin est souvent stocké en cave.

En restauration, il y a souvent deux caves : la cave centrale et la cave du jour.

LA CAVE CENTRALE

C'est l'endroit où sont stockés, et éventuellement élevés, les vins en vente dans l'établissement.

Cette cave doit posséder un minimum de qualités sous peine de voir le vin s'altérer.

Exposition, situation : l'exposition idéale est le Nord-Est, pour éviter les variations excessives de température.

Température : la cave doit être fraîche (10 à 12 °C), néanmoins, quelques degrés de plus ou de moins ne sont pas catastrophiques. Ce sont surtout les changements brusques de température qui sont préjudiciables au vin.

Humidité : les meilleures caves ont un sol en terre battue et ont un taux d'humidité situé entre 70 et 75 %.

Clarté, aération : la clarté doit être aussi faible que possible. Évitez surtout les éclairages au néon, sinon les vins stockés dans du verre blanc, prendront rapidement le « goût de lumière ». La cave doit être aérée, sans excès.

La cave doit être à l'abri des nuisances suivantes : odeurs (mazout, produits d'entretien, légumes, etc.), trépidations (ascenseur, voie ferrée, proximité d'une route à grande circulation, ...), sources de chaleur (chaufferie, canalisation d'eau chaude), courants d'air.

Il faut éviter de stocker d'autres produits dans une cave à vin.

LA CAVE

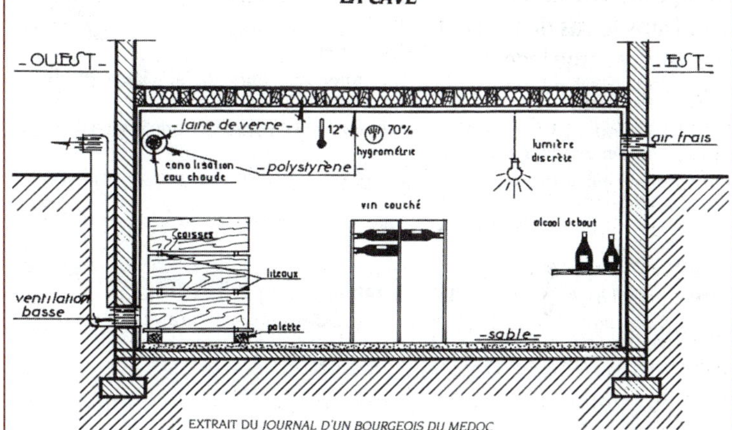

EXTRAIT DU JOURNAL D'UN BOURGEOIS DU MEDOC

LA CAVE DU JOUR

La cave du jour est généralement située à proximité de la salle de restaurant. Y sont stockées les références qui figurent à la carte (surtout les vins à rotation rapide). L'analyse des ventes sur une période, grandement facilitée par l'informatique, permet de déterminer le nombre de bouteilles à stocker. De nos jours, la cave du jour est généralement équipée d'armoires de capacité variable qui comportent des zones à différentes températures. C'est également à la cave du jour, ou à proximité de celle-ci, que l'on trouve, généralement, tout le matériel nécessaire au service du vin (seaux, carafes, paniers verseurs...).

SOURCE : CHAMBRAIR - SUISSE - LUCERNE

Armoires avec zones à différentes températures

5. Les principaux types de vin

Présentation

Les vins peuvent être classés :

a) En fonction de la **catégorie** à laquelle ils appartiennent (aspect législatif). Il faut en tenir compte lors de l'élaboration de la carte des vins.

b) En fonction du **type,** déterminé par :
- la couleur : blanc, rouge, rosé, jaune.
- la teneur en sucres résiduels pour les blancs (sec, demi-sec, moelleux, liquoreux).
- la structure pour les rouges (léger, corsé, généreux…).

En restauration, il est absolument indispensable de connaître à quel type appartiennent tous les vins qui figurent à la carte*. En effet, c'est un élément déterminant pour :
- l'évolution des vins (à boire jeunes, à conserver).
- les conditions de service (température, choix des verres, passage en carafe…).
- les accords vins et mets.

** Très souvent, pour faciliter le travail du personnel, une carte des vins est affichée à l'office avec quelques informations succinctes sur chaque vin proposé. Il serait souhaitable d'y faire figurer le type de vin (facile à réaliser en surlignant avec des couleurs différentes pour chaque type de vin). Cette précision est d'autant plus indispensable que sous une même appellation plusieurs types de vin peuvent être proposés.*

Approche de la dégustation

Seule la dégustation permet de classer les vins par type : sec, demi-sec, moelleux, liquoreux pour les blancs ; légers, corsés, généreux pour les rouges. C'est également la dégustation qui va permettre de répondre à la question : à boire maintenant ou à conserver ? Mais c'est également après l'avoir dégusté que l'on va pouvoir associer un vin avec un met.

D'où l'importance **d'avoir un minimum de connaissances de la dégustation.**

Il existe plusieurs approches de la dégustation :
- **la dégustation hédonique** qui consiste à exprimer le plaisir ou la déception ressentie,
- **la dégustation analytique** qui consiste à préciser la constitution, l'équilibre et la typicité du vin, à rechercher les défauts éventuels. Cette dégustation permet également de se prononcer sur l'état du vin : à boire immédiatement ou à conserver.

Pour l'achat d'un vin, c'est la dégustation analytique qui est pratiquée, mais en ayant toujours présent à l'esprit que le client, lui, pratiquera une dégustation hédonique.

L'objectif numéro un d'une dégustation n'est pas d'identifier le vin, pour ce faire il y a les étiquettes ! D'ailleurs, tous les grands

PHOTO : BRUNET

Dégustation hédonique

PHOTO : BRUNET

Dégustation analytique

spécialistes savent qu'ils peuvent se tromper lourdement. **Il ne faut jamais oublier que la dégustation est une école de modestie.**

Rappel de quelques règles simples

Une bonne appréciation des vins peut être obtenue après quelques exercices simples :
- reconnaissance des saveurs de base,
- sensibilisation aux perceptions olfactives,
- acquisition de quelques mots simples pour traduire les impressions ressenties.

LA DÉGUSTATION COMPORTE TROIS PHASES : VISUELLE, OLFACTIVE ET GUSTATIVE

1. La phase visuelle qui permet de se faire une idée sur la limpidité, la transparence, la couleur et l'intensité de la robe.

a) Examen du disque (surface du vin dans le verre)

b) Examen de la robe : transparence et limpidité, intensité.

Vocabulaire succinct pour :
- la transparence et la limpidité : positif (cristallin, brillant...), négatif (louche, trouble...).
- l'intensité : pour les blancs (jaune clair à jaune or, voire vieil or), des reflets verts indiquent la jeunesse. Pour les rouges (violacé à rouge tuilé), des reflets violacés indiquent la jeunesse, les vins évolués ont généralement des reflets orangés.

c) Examen des jambes ou larmes

Il permet de se faire une idée sur la présence plus ou moins importante d'alcool éthylique.

2. La phase olfactive

"Le nez est-il agréable ? Le vin a-t-il une bonne intensité aromatique ?" sont les premières questions à se poser. Ensuite, on essaye d'identifier la nature du bouquet, des arômes (floral, fruité, animal...). Il est possible d'aller au-delà en précisant quels fruits, quelles fleurs. Mais attention à l'inflation du vocabulaire. Le vin est avant tout un vin.

3. La phase gustative

Elle permet d'apprécier :
- l'attaque, en début de bouche,
- la présence en bouche, le corps, la structure, l'équilibre (sucre/acidité pour les blancs, alcool/tanins pour les rouges),
- la longueur en bouche.

Conclusion

Pour conclure, il faut se prononcer sur l'évolution du vin : à boire ou à conserver en cave, éventuellement sur le rapport qualité/prix. Et toujours faire quelques propositions d'accords mets et vins.

*La dégustation est à la fois une science et un art, mais il faut savoir que chacun d'entre nous peut obtenir d'excellents résultats avec un peu d'entraînement.**

Quelques citations

« On n'a pas d'avis, tant que l'on a pas goûté. » Max Léglise

« Allez vieux fous, allez apprendre à boire. On est savant quand on boit bien*. Qui ne sait boire, ne sait rien. » Boileau

« Monsieur, quand on a l'honneur de se faire servir un tel vin, on prend son verre avec respect, on le regarde, on le hume, puis l'ayant reposé, on en parle. » Talleyrand

**Note de l'auteur : avec modération, bien évidemment*

VINS BLANCS SECS

1 - VINIFICATION

La particularité de la vinification en blanc est l'absence de macération.

Lors d'une vinification en blanc, il n'y a pas, comme pour la vinification en rouge, de macération. Les raisins sont foulés et pressés immédiatement. C'est donc du jus de raisin qui sort du pressoir. Séparé de ses impuretés, ce jus va fermenter et se transformer en vin. À l'issue de cette fermentation, pour les vins blancs secs, contrairement à ce qui se passe lors de l'élaboration des vins moelleux ou liquoreux, la totalité (ou la presque totalité) des sucres contenus dans le moût ont été transformés. Les vins blancs secs sont généralement pourvus d'une belle acidité qui leur confère fraîcheur et nervosité.

2 - QUELQUES RÉGIONS DE PRODUCTION

Les vins blancs secs sont présents dans toutes les grandes régions de production :

Champagne, Alsace, Bourgogne : Chablis, Macon, Côte de Beaune… **Bordelais :** Pessac-Léognan, Entre-deux-mers… **Vallée du Rhône :** Saint-Joseph, Hermitage, Crozes Hermitage… **Val de Loire :** Muscadet, Sancerre… **Sud-Ouest :** certains vins de Jurançon, de Gaillac **Savoie :** cette région produit essentiellement des vins blancs secs : Crépy, Abymes, Apremont… **Provence, Corse, Languedoc, Roussillon** produisent également des vins blancs secs sous différentes appellations.

Il existe également un grand choix de vins blancs secs parmi les vins de pays.

Quelques vins blancs secs étrangers :

Riesling allemand ou autrichien, Soave (Italie), Vinho verde (Portugal), Rivaner (Luxembourg)…

Sauvignon

SOURCE : CIVB - PHOTO : PIERRE MACKIEWICZ

Chardonnay

SOURCE : COLLECTION CIVC
PHOTO : MICHEL HETIER

3 - QUELQUES CÉPAGES

Chardonnay : Champagne, Bourgogne… vins de pays, **Riesling, Sylvaner :** Alsace, **Roussane, Marsanne :** Vallée du Rhône, Languedoc… **Ugni blanc, Clairette :** Provence… **Jacquière, Roussette :** Savoie, **Sauvignon :** Val de Loire, Bordelais… **Sémillon :** Bordelais, Sud-Ouest… **Muscadet** (ou Melon de Bourgogne) : Pays nantais, **Chenin blanc :** Anjou, Touraine.

4 - CARACTÈRES, CONSERVATION, SERVICE

Tous les vins blancs secs n'ont pas les mêmes caractères. Certains sont marqués par une acidité très présente. Ils sont alors qualifiés de vifs et frais (commercialement parlant, il est préférable de parler de fraîcheur plutôt que d'acidité). Si l'acidité, bien que présente, ne s'impose pas, il faut alors parler de vins secs et souples. On dit parfois de certains grands vins blancs secs qu'ils ont du « gras ». La plupart des vins blancs secs sont à boire jeunes, mais certains ont une bonne aptitude à la conservation. Les vins blancs secs se servent frais, jamais glacés. ***Certains, parmi les plus grands, doivent être servis à la température de la cave.***

5 - ACCORDS VINS ET METS

Les vins blancs secs accompagnent parfaitement :

- les produits de la mer : plateau de fruits de mer, huîtres, crustacés, poissons… Pour ces derniers, ils faut choisir des vins frais

(avec une belle acidité) s'ils sont préparés meunière ou grillés, et des vins plus souples s'ils sont préparés avec une sauce au beurre ou à la crème,
- la plupart des viandes blanches et des volailles (pour les plus grands d'entre eux),
- Certains fromages, surtout ceux élaborés avec du lait de chèvre.

Voir le tableau des accords pour chaque région (Chapitre 8)

Vins blancs moelleux et liquoreux (vins doux)

Ces deux types de vins ont en commun de contenir une certaine quantité de sucres résiduels (sucres restants après la fermentation alcoolique). Elle est plus élevée dans les vins liquoreux que dans les vins moelleux. Attention à ne pas confondre ces vins « naturellement doux » et les vins doux naturels (obtenus par mutage).

1 - VINIFICATION

Les vins moelleux et liquoreux sont élaborés **à partir de raisins très riches en sucre,** souvent récoltés tardivement. Cette richesse en sucre est obtenue soit par surmaturation, avec, éventuellement, développement du « Botrytis cinerea ou pourriture noble » comme dans le Sauternais, soit par passerillage (concentration naturelle du raisin par déshydratation des baies sur pieds ou éventuellement sur claies).

Comme pour les vins blancs secs, il n'y a pas de macération. Les vins moelleux, et surtout les liquoreux, sont le résultat d'une fermentation incomplète. Leur richesse en sucres résiduels, plus ou moins importante, s'explique par l'arrêt (spontané ou provoqué) de la fermentation.

2 - QUELQUES RÉGIONS DE PRODUCTION

Bordelais : Sauternes, Barsac, Loupiac, Graves supérieures… **Sud-Ouest :** Monbazillac, Côtes de Montravel, Haut-Montravel, Gaillac, Jurançon… **Val de Loire :** Anjou, Coteaux du Layon, Bonnezeaux, certains vins de Vouvray ou de Montlouis. **Alsace :** vendanges tardives et sélections de grains nobles. **Jura, Hermitage** (Vallée du Rhône) : vin de paille.

Quelques vins blancs moelleux ou liquoreux étrangers :

Canada : vin de glace. Suisse : grains nobles confidentiels. Allemagne, Autriche : vin de glace, Beerenauslese, Trockenbeerenauslese. Italie : Vino santo.

3 - QUELQUES CÉPAGES

Sémillon : il est à la base des grands vins blancs moelleux et liquoreux du Bordelais et du Sud-Ouest. **Chenin :** grands vins mœlleux et liquoreux du Val de Loire. **Pinot gris, Gewurztraminer :** Alsace.

Et dans une moindre mesure : Chardonnay, Viognier, Riesling, Petit et Gros Manseng, …

4 - CARACTÈRES, CONSERVATION, SERVICE

Ces vins ont généralement un nez très riche et très complexe, une attaque souple, une belle présence et une bonne longueur en bouche. Selon leur richesse, ils seront qualifiés de : gras, rond, moelleux, onctueux, liquoreux… Lorsque l'on commente ces

Accords poissons
Muscadet, Riesling, Savennières, Beaujolais blanc, Bandol blanc, Meursault, Condrieu, Jasnières, Collioure, Champagne, Orvieto, etc.

PHOTO : BRUNET

PHOTO : BRUNET

SOURCE : CIVB - PHOTO : CRONENBERGER

Sémillon

SOURCE : INTERLOIRE

Chenin

vins, il faut proscrire le mot « sucré ». Très souvent ces vins conservent un beau support acide que leur confère un bel équilibre malgré leur « sucrosité ».

La plupart d'entre eux ont une excellente aptitude à la conservation, allant de quelques années pour les vins moelleux à plusieurs décennies pour les grands vins liquoreux.

Ils doivent être servis frais, jamais glacés. Les températures généralement admises sont : 7/8 °C pour les débuts de gamme, 9/10 °C pour les moelleux, 11/12 °C pour les grands liquoreux.

5 - ACCORDS VINS ET METS

C'est une erreur trop fréquente de réserver ce type de vins aux seuls desserts sucrés. L'expérience prouve qu'ils ont leur place sur le foie gras en terrine ou poêlé, sur certaines préparations de poissons ou de crustacés, sur certaines viandes braisées (blanc de volaille, jarret de veau…) ainsi que sur des fromages et pas uniquement les bleus. Pour les desserts, ils accompagnent parfaitement les tartes aux fruits blancs, les frangipanes…

Voir le tableau des accords pour chaque région (Chapitre 8)

PHOTO : BRUNET

Vouvray moelleux frangipane

PHOTO : BRUNET

Accords foie gras

VINS ROSÉS

1 – VINIFICATION

La législation française ne permet pas d'obtenir du vin rosé en assemblant du vin blanc et du vin rouge (une seule exception : en Champagne). Les autres rosés sont élaborés à partir de raisins rouges à jus incolore ou peu coloré, soit par pressurage direct soit par saignée.

Pressurage direct : les vins sont obtenus sans macération. Pour ce type de vin, les raisins rouges sont vinifiés comme des raisins blancs. La coloration, peu soutenue, provient de l'éclatement des pellicules lors d'un pressurage à faible pression.

Rosés de saignée : on prélève, au bout d'un certains temps de macération (2 à 20 heures environ), si possible avant tout départ en fermentation, du jus dans une cuve de raisins rouges. L'intensité de la couleur (rosé) de ce jus varie en fonction : du temps de macération, de la température et des cépages utilisés. Il suffit alors de laisser ce jus, plus ou moins coloré, terminer sa fermentation sans contact avec les pellicules pour obtenir un vin rosé.

Vin gris, pressurage direct, sans macération

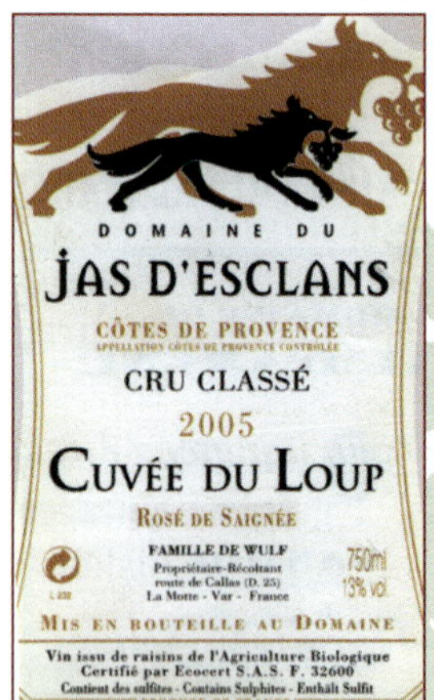

Rosé de saignée

2 - QUELQUES RÉGIONS DE PRODUCTION

Provence : Côtes de Provence, Bandol, Coteaux varois… **Val de Loire :** Rosé de Loire, Rosé d'Anjou, Cabernet d'Anjou ou de Saumur, Sancerre, Touraine… **Vallée du Rhône :** Côtes du Rhône, Tavel (qui ne produit que du rosé)… **Languedoc et Roussillon :** Coteaux du Languedoc, Côtes du Roussillon, Collioure… **Sud-Ouest :** Béarn, Bergerac, Gaillac…

Mais on produit également des vins rosés dans le Bordelais, en Bourgogne, en Beaujolais, en Champagne (Champagne rosé), en Corse, en Alsace… Il existe également de nombreux vins de pays vinifiés en rosé.

Quelques vins rosés étrangers :

Bardolino chiaretto (Italie), œil-de-perdrix du Valais (Suisse), Schilcher (Autriche), les vins gris de Tunisie ou de Boulaouane (Maroc), les rosés de Navarre et de la Rioja (Espagne), etc.

PHOTO : BRUNET

3 - QUELQUES CÉPAGES

Ce sont les mêmes que pour les vins rouges *(voir la carte des cépages page 10)*.

Essentiellement : **Grenache, Syrah, Carignan, Mourvèdre, Cinsault,** en Vallée du Rhône, en Provence, en Languedoc et en Roussillon… **Pinot noir** en Champagne, Alsace, Bourgogne et Centre-Loire… **Cabernet franc et Cabernet-sauvignon,** dans le Bordelais, le Sud-Ouest et le Val de Loire (Anjou et Touraine).

4 - CARACTÈRES, CONSERVATION, SERVICE

Les caractères sont différents selon le type d'élaboration : peu colorés, légers et fruités, si pressurage direct ; plus aromatiques et plus structurés pour les rosés de saignée.

En règle générale, la plupart des rosés sont à boire jeunes, sur le fruit, même si quelques-uns ont une assez bonne aptitude au vieillissement (Bandol, Tavel, Arbois…)

Comme la plupart des vins blancs, les vins rosés se servent frais, jamais glacés, de 7 à 11 °C environ. Il serait souhaitable de servir les plus légers de 7 à 9 °C, les vins plus structurés (Bandol, Tavel, Arbois (issu de poulsard), de 8 à 11 °C.

5 - ACCORDS VINS ET METS

Par leur diversité, les rosés permettent d'accompagner tout un repas. Il serait souhaitable de servir : Champagne, Crémant rosé brut, Bugey-Cerdon… à l'apéritif ; un rosé sec, léger et fruité avec les entrées chaudes ou froides, y compris les huîtres et les crustacés ; un rosé plus structuré avec le plat principal et le fromage (type Bandol, Tavel, Marsannay…) ; un rosé demi-sec sur le dessert, surtout si ce dernier est à base de fruits rouges (Champagne rosé demi-sec, Rosé d'Anjou ou Cabernet d'Anjou…).

VINS ROUGES LÉGERS (À BOIRE JEUNES)

1 - VINIFICATION

Les vins de cette catégorie sont obtenus par une vinification en rouge classique : égrappage, foulage, macération et fermentation alcoolique, pressurage, clarification… (revoir le schéma dans la partie vinification) mais contrairement aux vins de garde, ils sont généralement obtenus à l'issue d'une macération courte, voire très courte pour les vins de type « clairet ». Beaucoup de vins rouges légers sont vinifiés en « macération carbonique » c'est-à-dire sous atmosphère de gaz carbonique, ce qui permet d'obtenir des vins particulièrement fruités. C'est souvent le cas des « vins primeurs ». Les vins légers et fruités proviennent généralement de cépages peu tanniques, cultivés sur sols légers.

2 - QUELQUES RÉGIONS DE PRODUCTION

Bordelais : les vins de ce type sont commercialisés, essentiellement, sous l'A.O.C. régionale Bordeaux *(c'est sous cette A.O.C. que sont commercialisés les « clairets »)*. **Bourgogne :** sous les A.O.C. régionales : Bourgogne, Bourgogne Passe-tout-grains, Irancy, Macon, etc. **Beaujolais :** sous les A.O.C. Beaujolais*, Beaujolais Villages* et certains crus (Saint-Amour, Fleurie…). **Val de Loire :** sous les A.O.C. régionales : Touraine « primeur »*, Touraine (parfois complétée par une indication de provenance : Amboise, Azay-le-

SOURCE : CIVB
PHOTO : PIERRE MACKIEWICZ

Cabernet franc

SOURCE : CIVP - PHOTO : MILLO

Cinsault

SOURCE : JF RIVIÈRE

Vin de Provence et aïoli

PHOTO : BRUNET

Cerdon à l'apéritif

Rideau…), Anjou « primeur »*, Anjou… **Vallée du Rhône :** Côtes du Rhône*, Coteaux du Tricastin*, Côtes du Ventoux*… **Languedoc et Roussilon :** vins vinifiés en macération courte des A.O.C. : Corbières, Minervois, Cabardès, Côtes de la Malpère, Coteaux du Languedoc*, Côtes du Roussillon*…

Mais ces vins sont également présents en : Lorraine, Alsace, Auvergne, Jura ; Sud-Ouest (Bergerac, Béarn, Gaillac*…), Coteaux du Lyonnais, etc.

Ce type de vin se rencontre également dans de très nombreux vins de pays**.

** Ces vins peuvent être commercialisés en « vin primeur ou nouveau » dès la mi-novembre pour ceux qui bénéficient d'une appellation d'origine. **Dès la mi-octobre pour les vins de pays.*

Quelques vins rouges légers étrangers : Novello (primeur), Dolcetto d'Alba (Italie) ; Pinot noir du Royaume-Uni, Merlot de Villàny (Hongrie). etc.

3 - QUELQUES CÉPAGES :

Gamay : Beaujolais, Val de Loire, Centre, Savoie… **Pinot noir :** Bourgogne, Alsace, Savoie, Centre… **Merlot :** Bordelais, Sud-Ouest, Languedoc… (souvent en association avec d'autres cépages). **Cabernet franc :** Val de Loire.

***Gamay noir** à jus blanc*

SOURCE : DOCUMENT UIVB

4 - CARACTÈRES, CONSERVATION, SERVICE

Les vins de ce type sont généralement frais et fruités, avec des arômes de fruits rouges. Il faut les boire jeunes : de quelques mois pour les primeurs, à deux ou trois ans après la mise en bouteilles pour les autres. Mais c'est souvent dans leur première année, alors qu'il sont encore sur le « fruit » qu'ils s'expriment le mieux. Il faut les servir frais : à la température d'une bonne cave pour les primeurs et les plus légers, pas au-delà de 14/15 °C pour les autres.

Vin d'Anjou rouge et volaille

SOURCE : CIVAS

Dessert à base de fruits rouges et vin rouge léger, servi frais

PHOTO : BRUNET

5 - ACCORDS VINS ET METS

Ils accompagnent parfaitement la charcuterie (terrines, jambon, andouillette grillée…), les grillades (entrecôte, brochettes, travers de porc…), les volailles rôties, les petits gibiers, de nombreux fromages ainsi que certains desserts à base de fruits rouges.

VINS ROUGES CORSÉS (AVEC UNE BONNE APTITUDE À LA CONSERVATION)

1 - VINIFICATION

Comme pour les vins rouges légers, les vins de cette catégorie sont obtenus par une vinification en rouge classique : égrappage, foulage, macération et fermentation alcoolique, pressurage, clarification… (revoir le schéma dans la partie vinification) mais contrairement aux vins « légers », ils sont généralement obtenus à l'issue d'une macération longue, voire très longue (3 semaines et plus). Cette macération longue permet une bonne extraction des tanins, ce qui confère au vin une bonne structure et une bonne aptitude à la conservation. Le temps de garde varie en fonction du cépage, de la nature de sol, de la durée de macération, de la température de fermentation, etc.

Certains vins ont une excellente aptitude à la conservation.

PHOTO : BRUNET

2 - QUELQUES RÉGIONS DE PRODUCTION

Bordelais : Médoc (surtout le Pauillac), Pessac-Léognan, Saint-Émilion, Pomerol... **Bourgogne :** la plupart des grands crus et des premiers crus, mais également certains vins d'appellations communales, en particulier : Gevrey-chambertin, Pommard. **Beaujolais :** certains crus ont une assez bonne aptitude à la conservation, en particulier le Moulin à Vent. **Vallée du Rhône :** Côte Rôtie, Hermitage, Châteauneuf-du-Pape... **Provence :** Bandol... **Languedoc et Roussillon :** vins vinifiés en macération longue des A.O.C. : Corbières, Minervois-la-Livinière, Coteaux du Languedoc, Côtes du Roussillon Villages... **Sud-Ouest :** Madiran, Cahors, Pécharmant... **Val de Loire :** vins de coteaux des A.O.C. : Chinon, Bourgueil, Saumur - Champigny.

Quelques vins rouges de garde étrangers :

Brunello de Montalcino, Barolo (Italie), Ribera del Duero (Espagne), Grange (Australie), Opus One (USA).

PHOTO : BRUNET

3 - QUELQUES CÉPAGES :

Syrah : Côtes du Rhône septentrionales, Languedoc... **Mourvèdre :** Provence, Languedoc... **Tannat et Malbec :** Sud-Ouest, **Cabernet-sauvignon :** Bordelais (surtout Médoc et Graves), Sud-Ouest... **Merlot :** Bordelais (surtout dans le libournais), Sud-Ouest. **Pinot noir :** Bourgogne (surtout en Côte d'Or).

SOURCE : CIVDN
PHOTO : J.M. GOYHENEIX

Syrah

SOURCE : GPG BOIDRON

Mourvèdre

4 - CARACTÈRES, CONSERVATION, SERVICE

En raison de leur structure, ces vins sont généralement corsés (riches en alcool et en extrait sec) ; parfois astringents (riches en tanin) lorsqu'ils sont jeunes. Il serait souhaitable de les conserver en cave jusqu'à ce qu'ils aient atteint leur maturité. Ils sont alors plus souples, les arômes fruités ont laissé la place à des notes complexes où dominent le sous-bois, les champignons...

Il faut les servir chambrés mais sans excès, généralement de 17 à 19 °C. Lorsqu'ils sont servis un peu avant leur apogée, ce qui arrive très souvent, il ne faut pas hésiter à les « passer en carafe » en réservant le décantage pour ceux, plus âgés (mais pas trop), qui présentent un dépôt.

5 - ACCORDS VINS ET METS

Ils accompagnent parfaitement les viandes en sauces brunes (il faut éviter de les servir sur des sauces à la crème), les viandes rouges : rôties ou grillées, les volailles rôties, le gibier, les champignons, les fromages qui ont du caractère.

SOURCE : CIVB - PHOTO : R. ROSENTHAL

Haut Médoc et magret de canard

SOURCE : BIVB - PHOTO : THIERRY GAUDILLÈRE

Pommard, un vin idéal avec les viandes rouges, le gibier et les champignons.

VINS EFFERVESCENTS

Un vin effervescent est un vin qui contient une quantité plus ou moins importante de gaz carbonique, ce qui va provoquer la formation de bulles lors du service. Mais il ne faut pas confondre « vins mousseux » et « vins effervescents ». En effet, les premiers ne constituent qu'une partie des vins effervescents. En fonction de l'effervescence plus ou moins importante, les vins sont classés en : ***Vins perlants, Vins pétillants, Vins mousseux.*** C'est dans cette dernière catégorie que l'on trouve : le champagne, les crémants et de nombreux autres vins mousseux, avec ou sans appellations.

Vins effervescents: champagnes, crémants, cavas, etc.

PHOTO : BRUNET

1 - VINIFICATION, PRINCIPALES MÉTHODES D'ÉLABORATION

Méthode champenoise et méthode traditionnelle

Il s'agit en fait, du même type d'élaboration, dit de seconde fermentation en bouteilles, mais la dénomination « méthode champenoise » ne peut plus être utilisée que pour les vins originaires de la Champagne et qui y sont élaborés. Ce type d'élaboration comporte deux phases essentielles : l'élaboration d'un vin de base (dit vin tranquille), puis l'addition d'une « liqueur de tirage » (sucre et levures) avant la mise en bouteilles. Cet ajout permet une seconde fermentation en bouteilles, qui se traduit, entre autres, par la « prise de mousse ». Parmi les vins élaborés selon ces méthodes, citons : le champagne, bien évidemment, mais aussi l'ensemble des crémants, ainsi que la plupart des vins mousseux qui bénéficient d'une appellation d'origine (Saint-Peray, Saumur, Montlouis, Bugey…).

Méthode champenoise

Cuve close dite « méthode Charmat »

Comme pour les vins précédents, elle comporte deux phases : élaboration d'un vin tranquille, puis ajout de sucre et de levures. Mais, comme son nom l'indique, et contrairement aux méthodes champenoise ou traditionnelle, cette seconde fermentation s'effectue en cuves.

Méthode traditionnelle

Méthode ancestrale

Il s'agit d'un procédé très ancien, qui consiste à conserver une partie des sucres contenus dans le moût lors de la fermentation. Le vin est alors mis en bouteilles. Dès que les conditions redeviennent favorables, la fermentation reprend. Il y a donc production de CO_2 à partir du sucre naturel du raisin. En France, cette méthode se rencontre encore dans certaines régions : Limoux, Die, Bugey…

Vins gazéifiés (mousseux ou pétillants)

Ils sont obtenus par addition de CO_2 industriel, de qualité alimentaire. La mention « vin gazéifié » doit figurer sur l'étiquetage.

Méthode ancestrale

2 - QUELQUES RÉGIONS DE PRODUCTION

Champagne qui produit un vin que le monde entier nous envie et qui reste le vin festif par excellence. **Alsace :** Crémant. **Jura :** Crémant du Jura ; mousseux des A.O.C. : Côtes du Jura, L'Étoile, Arbois. **Bourgogne :** Crémant de Bourgogne, mousseux de Bourgogne (rouge). **Savoie :** mousseux des A.O.C. : Savoie, Savoie Ayze, Seyssel…, pétillant de Savoie, mousseux et pétillant du Bugey. **Vallée du Rhône :** Crémant et Clairette de Die, Saint-Peray mousseux. **Languedoc :** Crémant et Blanquette de Limoux.

Sud-Ouest : Gaillac (méthode gaillacoise), **Bordelais :** Crémant de Bordeaux, **Val de Loire :** Crémant de Loire, pétillants des A.O.C. : Touraine, Vouvray, Montlouis ; mousseux des A.O.C. Anjou, Saumur, Touraine, Vouvray, Montlouis.

Quelques vins effervescents étrangers

Parmi les principaux pays producteurs, il faut citer l'Espagne (avec ses cavas), l'Allemagne (avec ses sekts), l'Italie (avec ses frizzantes et ses spumantes : Asti, Lambrusco…).

3 - QUELQUES CÉPAGES :

Chardonnay et **Pinot noir :** Champagne, Bourgogne, **Pinot meunier :** Champagne, **Chenin** dans le Val de Loire, **Clairette** à Die, **Mauzac** à Limoux, etc. Tous les **pinots** (noir, blanc, gris) en Alsace.

4 - CARACTÈRES, CONSERVATION, SERVICE

Les vins effervescents ont un caractère festif incontestable. La majorité d'entre eux sont des vins secs (dans certaines régions et sous certaines conditions, ils sont qualifiés de « bruts ») mais ils existent également en demi-sec et doux. Ils subissent tous un vieillissement minimum avant d'être commercialisés (différents selon les régions et les types de vin : millésimés, non millésimés…). Ils peuvent donc être servis dès leur mise sur le marché. Mais certains d'entre eux, en particulier les « cuvées de prestige », ont une excellente aptitude à la conservation (10, 15 ans, voire plus). Il faut tordre le cou à la sentence : « il ne faut pas conserver un champagne plus de 10 ans ».

Les vins effervescents se servent frais dans les verres adaptés. Il faut proscrire les coupes.

5 - ACCORDS VINS ET METS

Les vins effervescents se déclinent en : blanc de blancs, blanc de noirs ; cuvées spéciales, cuvées de prestige ; brut, extra-brut, sec, demi-sec, etc. Ce qui offre de nombreuses possibilités pour les accords vins et mets. Les « bruts », surtout s'il s'agit de blanc de blancs, ont leur place à l'apéritif, sur les poissons et les crustacés, les volailles à la crème… Les blancs de noirs, sur l'agneau de lait, les cailles rôties, les abats (ris de veau …). Les « demi-secs » et ceux élaborés par la méthode ancestrale sont à servir en fin de repas sur les desserts, y compris les fruits. Il faut savoir qu'en Champagne, il n'est pas rare d'accompagner tout un repas avec du champagne. Mais il s'agit d'un repas **aux** champagnes. C'est toujours un moment privilégié !

V.D.N. ET V.D.L.

V.D.N. : Vin Doux Naturel
V.D.L. : Vin De Liqueur

1 - VINIFICATION

Les V.D.N. sont des vins obtenus par mutage à l'alcool. Il s'agit d'une pratique très ancienne. Les moûts, très riches en sucre (252 g minimum, pour les V.D.N. qui bénéficient d'une A.O.C.) sont mis à fermenter. En cours de fermentation, un ajout de 5 à 10 % en volume d'alcool vinique à 96 °C permet d'arrêter la fermentation. Ce procédé se traduit par une augmentation de la richesse alcoolique du vin tout en conservant une partie des sucres naturels du raisin. Cette opération s'appelle le « mutage ». En fonction du moment où s'effectue ce mutage, le produit obtenu sera plus ou moins riche en sucre. L'élevage s'effectue soit

PHOTO : BRUNET

PHOTO : BRUNET

PHOTO : BRUNET

Élevage de Maury en bonbonnes au Mas Amiel

à l'abri de l'air, sans oxydation (élevage en milieu réducteur) soit au contact de l'air (élevage en milieu oxydatif).

Les V.D.L. sont également obtenus par mutage à l'alcool, si l'alcool est ajouté avant fermentation, on obtient une « mistelle », c'est le cas du Pineau des Charentes.

(Voir V.D.L. français au chapitre « Autres boissons alcoolisées » page 81).

PHOTO : BRUNET

Élevage de Banyuls en barriques à l'extérieur de la Cave des Templiers

2 - QUELQUES RÉGIONS DE PRODUCTION

Les V.D.N. sont produits dans le Sud de la France, essentiellement en **Languedoc et en Roussillon :** Rivesaltes, Maury, Banyuls ; Muscats de Mireval, de Frontignan, de Lunel, de Saint-Jean de Minervois, etc. **Sud de la Vallée du Rhône :** Rasteau, Beaumes-de-Venise. **Corse :** Muscat du cap corse.

On produit des V.D.L. dans le Jura (Macvin du jura), dans le Sud-Ouest (Floc de Gascogne), dans l'Ouest (Pineau des Charentes).

Quelques vins « mutés » étrangers :

Parmi les plus connus peuvent être cités : Porto et Madère (Portugal).

V.D.N. et V.D.L.

3 - QUELQUES CÉPAGES

Pour les V.D.N. essentiellement : **Muscat, Grenache, Maccabéo, Malvoisie.**

Pour les V.D.L. : les principaux cépages de la région de production.

SOURCE : CIVDN - PHOTO : J.M. GOYHENEIX

Grenache noir

SOURCE : CIVDN - PHOTO : J.M. GOYHENEIX

Muscat à petits grains

4 - CARACTÈRES, CONSERVATION, SERVICE

Les V.D.N. peuvent être blancs, rouges ou rosés.

Lorsqu'ils sont issus de Muscat, les vins sont très aromatiques et ne gagnent pas à être conservés trop longtemps. Ceux issus des autres cépages ont généralement une très bonne aptitude à la conservation. C'est le cas des banyuls et banyuls grand cru, de certains V.D.N. des A.O.C. Maury et Rivesaltes.

En fonction de l'élevage : milieu réducteur ou milieu oxydatif, les vins présentent des caractères différents, il faut en tenir compte pour les accords vins et mets.

Les muscats se servent à 8/10 °C, les autres V.D.N. de 12 à 14 °C, plutôt 12 °C pour les vins jeunes élevés en milieu réducteur et 14 °C pour ceux, plus âgés, élevés en milieu oxydatif.

5 - ACCORDS VINS ET METS

Ces vins, trop souvent oubliés, offrent d'excellentes opportunités au niveau des accords vins-mets, surtout avec les desserts, mais pas seulement.

Les vins élevés en milieu réducteur, avec mise précoce en bouteilles accompagnent les desserts aux fruits rouges, les gibiers en sauce… Ceux élevés en milieu oxydatif accompagnent le foie gras, les fromages persillés, les desserts au chocolat, etc.

SOURCE : CAVE DU ROUSSILLON - PERPIGNAN

Vieux Banyuls et canard aux fruits

6. Les différentes catégories de vin

Différentes catégories de vin dans l'U.E. et en France

Au niveau de l'Union Européenne, l'ensemble des vins est regroupé en 2 grandes catégories :

- **Les vins de table.**
- **Les V.Q.P.R.D. (Vins de Qualité Produits dans des Régions Déterminées).**

En France, chacune de ces catégories se subdivise en deux parties :

Pour les vins de table : Les vins de table, proprement dits, et les Vins de Pays.

Pour les V.Q.P.R.D : les A.O.C. et les A.O.V.D.Q.S (voir ci-dessous).

Au moment de rédiger sa carte des vins, il est indispensable pour un restaurateur de bien connaître les différentes catégories de vin. Sinon, il risque de se retrouver sur les bancs du tribunal.

Vin de table

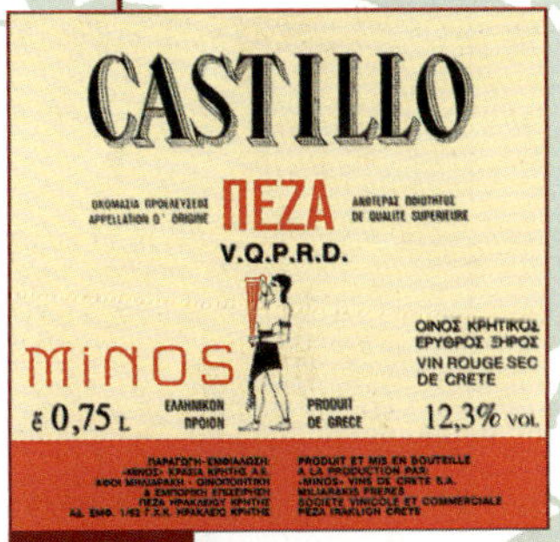

V.Q.P.R.D

Vins de Pays

Les vins de table - Les vins de pays

LES VINS DE TABLE PROPREMENT DITS

Ces vins ont droit à la dénomination « vins de table français » s'ils sont d'origine exclusivement française. Dans le cas d'un assemblage de vins issus de différents pays de l'Union Européenne, ces vins porteront la dénomination « mélange de vins de différents pays de la Communauté Européenne ». Les coupages avec des vins provenant de pays extérieurs à l'Union Européenne sont interdits. Les vins de table proprement dits sont généralement commercialisés sous un nom de marque.

LES VINS DE PAYS

Ces vins sont de plus en plus présents en restauration.

Ils sont officiellement agréés par VINIFLHOR (anciennement : ONIVINS, Office National Interprofessionnel des VINS). Ce sont des vins de table personnalisés par une indication de provenance. Un vin de pays doit provenir exclusivement de la zone de production dont il porte le nom. Il répond à des conditions strictes de production fixées par décret, telles que : rendement maximum, degré alcoolique minimum, encépagement et normes analytiques strictes.

Très souvent, le nom du ou des cépages dont le vin est issu figure(nt) sur l'étiquette.

Il existe en France environ 150 dénominations de vins de pays répartis en trois catégories :

- vins de pays à dénomination régionale,
- vins de pays à dénomination départementale,
- vins de pays à dénomination de zone.

A terme, les différentes catégories de vin vont évoluer.

L'objectif est de diminuer le nombre d'A.O.C. et d'aboutir à une nouvelle segmentation du marché avec trois niveaux :

- Premier niveau, des vins de marque d'entrée de gamme, se référant largement à la notion de cépage (de 1 à 5 euros).
- Une catégorie intermédiaire avec le nom d'une grande région (entre 5 et 10/12 euros).
- L'A.O.C.* réservée à un nombre limité de zones en se référant à un terroir marquant profondément la qualité du vin (supérieur à 10/12 euros).

**Remplacée, éventuellement par son équivalent européen A.O.P. (Appellation d'Origine Protégée).*

Depuis 2007, sous certaines conditions, plus de 60 départements peuvent commercialiser leurs vins de pays sous la dénomination *« VINS DE PAYS VIGNOBLES DE FRANCE »*

Viniflhor

Présentés sous une dénomination départementale, régionale ou de zone, les vins de pays sont près de 150. Leur diversité est le reflet de la variété des vignobles français.

01 : Vin de pays des Coteaux de Coiffy
02 : Vin de Pays de Franche-Comté
03 : Vin de pays des Coteaux de l'Auxois
04 : Vin de pays de Sainte Marie La Blanche
05 : Vin de pays des Coteaux du Cher et de l'Arnon
06 : Vin de pays des Coteaux Charitois
07 : Vin de pays des Coteaux de Tannay
08 : Vin de pays du Bourbonnais
09 : Vin de pays d'Allobrogie
10 : Vin de pays d'Urfé
11 : Vin de pays des Balmes Dauphinoises
12 : Vin de pays des Coteaux du Grésivaudan
13 : Vin de pays des Coteaux de l'Ardèche
14 : Vin de pays des Collines Rhôdaniennes
15 : Vin de pays des Coteaux des Baronnies
16 : Vin de pays du Comté de Grignan
17 : Vin de pays des Coteaux de Montélimar
18 : Vin de pays des Coteaux du Verdon
19 : Vin de pays de Mont-Caume
20 : Vin de pays des Maures
21 : Vin de pays d'Argens
22 : Vin de pays de la Sainte Baume
23 : Vin de pays des Alpilles
24 : Vin de pays d'Aigues
25 : Vin de pays de la Principauté d'Orange
26 : Vin de pays des Sables du Golfe du Lion
27 : Vin de pays Duché d'Uzès
28 : Vin de pays des Cévennes
29 : Vin de pays de la Vistrenque
30 : Vin de pays des Côtes du Vidourle
31 : Vin de pays de la Vaunage
32 : Vin de pays des Coteaux de Cèze
33 : Vin de pays des Coteaux du Pont du Gard
34 : Vin de pays des Coteaux Flaviens
35 : Vin de pays du Val de Montferrand
36 : Vin de pays du Mont Baudile
37 : Vin de pays des Côtes du Ceressou
38 : Vin de pays des Monts de la Grage
39 : Vin de pays des Coteaux d'Enserune
40 : Vin de pays des Coteaux du Libron
41 : Vin de pays des Coteaux de Murviel
42 : Vin de pays des Coteaux de Laurens
43 : Vin de pays des Côtes de Thongue
44 : Vin de pays de la Bénovie
45 : Vin de pays de Cassan
46 : Vin de pays de la Haute Vallée de l'Orb
47 : Vin de pays de Saint-Guilhem-le-Désert
48 : Vin de pays des Coteaux de Bessilles
49 : Vin de pays des Côtes du Brian
50 : Vin de pays de Cessenon
51 : Vin de pays des Coteaux du Salagou
52 : Vin de pays de la Vicomté d'Aumelas
53 : Vin de pays des Collines de la Moure
54 : Vin de pays de Caux
55 : Vin de pays des Coteaux de Fontcaude
56 : Vin de pays de Bessan
57 : Vin de pays du Bérange
58 : Vin de pays des Côtes de Thau
59 : Vin de pays des Coteaux de Peyriac
60 : Vin de pays de la Haute Vallée de l'Aude
61 : Vin de pays des Coteaux de Narbonne
62 : Vin de pays des Côtes de Prouilhe
63 : Vin de pays de la Cité de Carcassonne
64 : Vin de pays de Cucugnan
65 : Vin de pays du Val de Dagne
66 : Vin de pays des Coteaux du Littoral Audois
67 : Vin de pays des Côtes de Pérignan
68 : Vin de pays des Côteaux de la Cabrerisse
69 : Vin de pays des Hauts de Badens
70 : Vin de pays du Torgan
71 : Vin de pays des Côtes de Lastours
72 : Vin de pays du Val de Cesse
73 : Vin de pays de la Vallée du Paradis
74 : Vin de pays des Coteaux de Miramont
75 : Vin de pays d'Hauterive
76 : Vin de pays Cathare
77 : Vin de pays des Côtes Catalanes
78 : Vin de pays de la Côte Vermeille
79 : Vin de pays Charentais
80 : Vin de pays du Périgord
81 : Vin de pays des Terroirs Landais
82 : Vin de pays des Côteaux de Glanes
83 : Vin de pays de l'Agenais
84 : Vin de pays de Thézac-Perricard
85 : Vin de pays des Coteaux et Terrasses de Montauban
86 : Vin de pays des Côtes du Tarn
87 : Vin de pays des Côtes de Montestruc
88 : Vin de pays des Côtes du Condomois
89 : Vin de pays des Côtes de Gascogne
90 : Vin de pays de Bigorre
91 : Vin de pays de l'Ile de Beauté
92 : Vin de pays des Côtes de Meuse
93 : Vin de pays des Gaules

SOURCE : VINIFLHOR

LES V.Q.P.R.D. (Vins de Qualité Produits dans des Régions Déterminées)

En France, dans cette catégorie, nous trouvons : les A.O.V.D.Q.S. et les A.O.C.

A.O.V.D.Q.S.

LES APPELLATIONS D'ORIGINE VINS DÉLIMITÉS DE QUALITÉ SUPÉRIEURE (A.O.V.D.Q.S.)

Les A.O.V.D.Q.S. constituent une catégorie intermédiaire entre les vins de pays et les A.O.C.. Comme pour ces dernières, la production est strictement réglementée et contrôlée par l'I.N.A.O. (Institut National des Appellations d'Origine) devenu depuis le 1er janvier 2007 : ***« L'Institut national de l'origine et de la qualité »***.

Cette réglementation prévoit la délivrance d'un label par le syndicat viticole concerné.

Ces vins doivent répondre à des conditions de production fixées par arrêté : aire de production délimitée, encépagement, degré alcoolique minimal, rendement maximal, techniques culturales, normes analytiques et contrôle organoleptique.

A.O.C.

LES APPELLATIONS D'ORIGINE CONTROLÉE (A.O.C.)

Les A.O.C. existent depuis 1935. Elles sont caractérisées par une **délimitation parcellaire** très stricte (notion de terroir). Pour chaque A.O.C., les conditions de production sont fixées par ***« L'Institut national de l'origine et de la qualité »*** et officialisées par un décret publié au Journal Officiel. L'attribution d'une A.O.C. est fondée sur le respect des « usages locaux, loyaux et constants ».

Chaque décret fixe les règles de production :

- Aire de production délimitée, parcelle par parcelle.
- Rendement limité maximum.
- Encépagement, un seul cépage ou plusieurs, selon l'appellation.
- Degré alcoolique minimal.
- Techniques culturales, critères analytiques et parfois même, conditions de vieillissement.

Tous les vins prétendant à l'Appellation d'Origine Contrôlée sont soumis à un examen analytique et organoleptique. Ils sont **officiellement agréés par « L'Institut national de l'origine et de la qualité »**.

En France, on dénombre un peu de plus de 400 A.O.C. pour les vins et les eaux-de-vie.

Localisation des vignobles d'AOC

Localisation des principaux vignobles bénéficiant d'une appellation d'origine (voir carte page 37)

Hiérarchie des A.O.C. en France

Bien qu'il ne s'agisse pas d'une hiérarchisation officielle, pour faciliter l'étude des différents vignobles français, il est intéressant de subdiviser, de manière succincte, les appellations d'origine en :

Appellations régionales (trop souvent appelées, à tort, génériques). Elles s'appliquent à toute une région. Exemple : A.O.C. Bourgogne, A.O.C. Bordeaux, A.O.C. Côtes du Rhône, etc.

A.O.C. régionale

A.O.C. régionale

Appellations sous-régionales : elles sont plus restrictives que les appellations régionales. Exemple : Médoc, Chablis, etc.

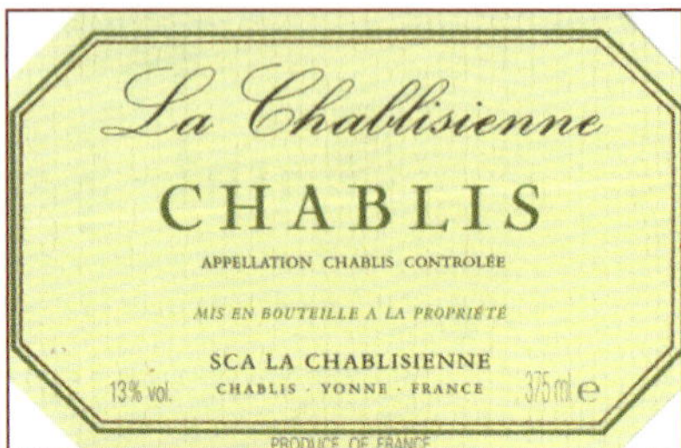

A.O.C. sous-régionale

A.O.C. sous-régionale

Appellations communales : Exemple : Pauillac, Beaune, Pommard, etc.

A.O.C. communale

A.O.C. communale

Appellations grands crus : certaines A.O.C. ne concernent qu'un seul lieu-dit, une seule parcelle, on parle alors d'appellations grands crus (essentiellement en Bourgogne).

Dans ce cas, c'est le nom du lieu-dit ou de la parcelle qui constitue l'A.O.C. - Exemple : Montrachet, Chambertin, Romanée-Conti.

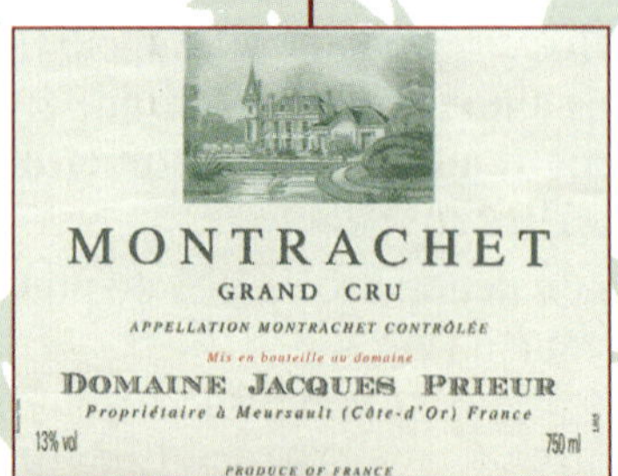

A.O.C. grand cru

7. Les vignobles et les vins français

Position de la France dans le marché mondial du vin

La France occupe une place enviable et enviée dans le marché mondial du vin. En revanche, et contrairement à une opinion très répandue, elle n'occupe pas la première place pour les superficies plantées en vignes. Cette première place revient à l'Espagne.

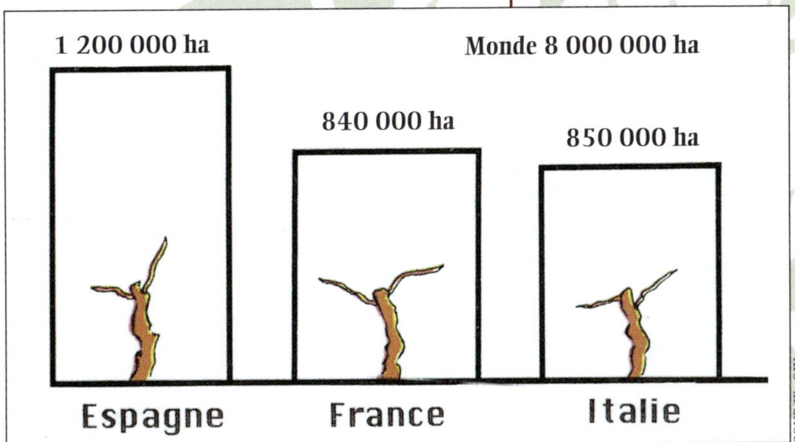

Superficies plantées en vignes

SUPERFICIES

Après avoir dépassé 2 millions d'hectares, il y a un peu plus de 100 ans, le vignoble français occupe actuellement environ 850 000 hectares, soit un peu plus de 10 % de la superficie plantée en vigne dans le monde.

PRODUCTION (ORDRE DE GRANDEUR)

Avec une production qui se situe entre 50 et 55 millions d'hectolitres par an, la France et l'Italie sont les 2 principaux pays producteurs de vin du monde. Viennent ensuite : l'Espagne, les USA, l'Argentine...

CONSOMMATION

Dans la plupart des pays producteurs de vin, la consommation de vin a fortement diminué ces dernières années. Actuellement, en France, elle est de l'ordre de 55 litres par an et par habitant. Mais il faut savoir que cette consommation s'élevait encore à 133 litres il y a une cinquantaine d'années et à presque 100 litres il y a 30 ans. Cette baisse spectaculaire de la consommation s'est faite essentiellement au détriment des vins de table.

Conclusion : les Français boivent moins mais ils boivent mieux. Nous ne pouvons que nous en réjouir !

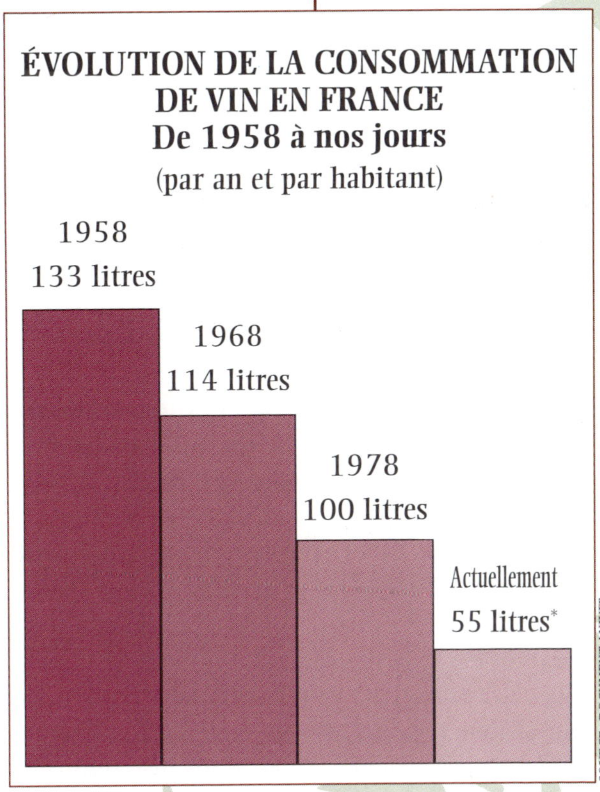

Les chiffres varient selon les sources : 54/55 litres pour Viniflhor, 43/44 litres pour l'A.P.V. (Association de la Presse et du Vin). Cette différence s'explique par les critères pris en compte : consommation globale divisée par le nombre d'habitants pour Viniflhor, déduction des volumes achetés par les frontaliers (parfois en qualités importantes) ou consommés par les étrangers lors de leurs visites en France.

Connaissances indispensables

On ne demande pas à un restaurateur, à plus forte raison à un élève ou un étudiant de connaître toutes les appellations du vignoble français. Il y a plus de 25 ans que l'on préconise, à juste titre, **de ne pas limiter l'étude des vignobles à une énumération fastidieuse de crus plus ou moins connus.** En revanche, il est indispensable de pouvoir situer géographiquement les différentes régions de production et de citer quelques appellations parmi les plus connues.

À partir de ces bases, dans chaque établissement, il faut veiller à ce que, comme pour les mets, le personnel de service, puisse répondre au client sur l'origine et les caractères des vins qui figurent à la carte. Pour ce faire, de nombreux moyens existent. Un des plus efficaces consiste à afficher la carte des vins à l'office en faisant figurer en face de chaque vin les informations, succinctes mais indispensables. Par exemple : en face de Saint-Amour : région du Beaujolais, cépage gamay, vin léger et fruité.

Présentation des vignobles français

Les pages suivantes sont consacrées à la présentation, succincte, des principaux vignobles français. Pour faciliter l'étude, la même présentation a été retenue pour toutes les régions.

À savoir :

Bref historique

Situation géographique, sols, climat et importance du vignoble
Vous trouverez dans cette partie, des informations simples sur les différents sujets concernés. Pour plus de détails, voir encadré.

Cépages, seuls les principaux sont cités. Normalement, on n'utilise pas de majuscules pour les noms de cépages. Ici, vous les trouverez avec des majuscules car ils sont présentés de cette façon dans les documents publiés par les différents organismes professionnels…

Classification(s)
Lorsqu'elles existent.

Principales appellations d'origine
Elles sont fort nombreuses dans chaque région. La plupart des programmes recommandent de se limiter aux appellations régionales. Toutes ces A.O.C. sont présentes. Les autres sont citées pour information.

Caractères et conservation des vins de… Cette partie correspond à la rubrique « Connaissance du produit ». Seuls les principaux caractères sont mentionnés.

RESTAURATEURS ET VINS DE… (service et accords vins et mets)
Dans cette partie, l'accent est mis sur les particularités de service, principalement sur les températures idéales de service pour les différents types de vins.

Pour chaque région figure un tableau (le même pour toutes les régions) avec quelques propositions d'accords pour les principaux mets : poissons, viandes, fromages, desserts.

Figurent également quelques spécialités régionales avec des propositions d'accords avec des vins locaux.

Situation géographique

Cépages

SOURCE : CIVC / EPERNAY

Appellations d'Origine

A.O.C. régionale. Si seule l'A.O.C. Bourgogne figure sur l'étiquette, le vin peut provenir de l'ensemble du vignoble bourguignon.

Accords vins et mets

PHOTO : BRUNET

Les programmes recommandent « une étude plus approfondie des vins de la région de localisation de l'établissement scolaire ou de la proche région… ».

Pour les élèves, il existe de nombreuses possibilités de recherches : comités interprofessionnels, internet, éventuellement producteurs locaux, etc. Ils peuvent également consulter les ouvrages « Le vin et les vins au restaurant », « Le vin et les vins étrangers », Éditions BPI, auteur P. Brunet. Chaque région y est présentée selon le même schéma que dans cet ouvrage, mais de façon beaucoup plus approfondie.

(Ces ouvrages sont présents, pour consultation, dans la plupart des CDI).

Localisation des principaux vignobles français

1. Champagne
2. Alsace
3. Jura (Arbois, Cht-Chalon,...)
4. Chablis
5. Bourgogne (Côte de Nuits, Côte de Beaune, Côte Chalonnaise, Mâcon,...)
6. Savoie (Crépy, Seyssel,...)
7. Côtes-du-Rhône (Côte-Rôtie, Hermitage, Châteauneuf,...)
8. Provence (Côtes de Provence, Bandol, Cassis, Bellet,...)
9. Corse (Patrimonio, Ajaccio,...)

10-11 Languedoc-Roussillon

12. Pyrénées (Jurançon, Madiran,...)
13. Armagnac
14. Cahors
15. Bordeaux (Médoc, Graves, Sauternes, St-Emilion, Pomerol,...)
16. Dordogne (Bergerac, Monbazillac,...)
17. Cognac
18. Pays Nantais (Muscadet)
19. Anjou (Savennières, Coteaux du Layon)
20. Touraine (Vouvray, Chinon, Bourgueil,...)
21. Nièvre-Berry (Sancerre, Pouilly-Fumé)

SOURCE : DOCUMENT RÉALISÉ À PARTIR D'UNE CARTE SYNDICAT DES VITICULTEURS DU HAUT-POITOU

8 - Présentation succinte des principaux vignobles français

8.1 - Bordelais

La région de Bordeaux produit des vins connus et appréciés dans le monde entier. Elle offre toute une gamme de vins allant des vins blancs secs aux vins moelleux ou liquoreux, des vins rouges légers et fruités aux vins rouges corsés et de longue garde. Mais aussi des vins rosés, des vins « clairet » et des vins effervescents.

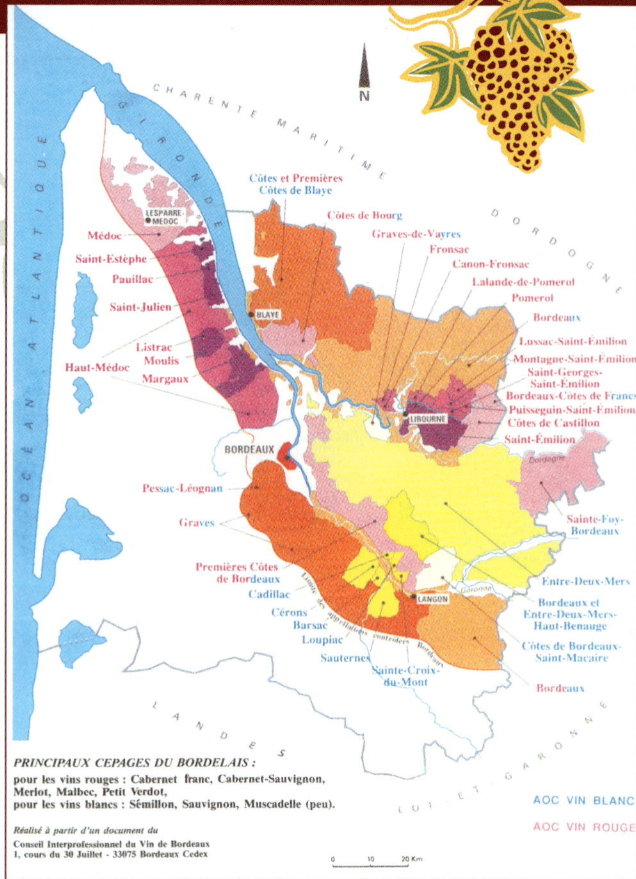

Bref historique

La vigne est présente dans le Bordelais depuis l'époque romaine. L'ouverture du vignoble bordelais sur la mer, grâce au port de Bordeaux, et le mariage d'Aliénor d'Aquitaine avec le futur roi d'Angleterre Henri II, en 1152, ont facilité les exportations et ont contribué à faire connaître les vins de Bordeaux au-delà de nos frontières.

Situation géographique, sols, climat et importance du vignoble

Le vignoble bordelais est entièrement situé sur le département de la Gironde.

Traversé par le 45ème parallèle (c'est-à-dire à égale distance entre le pôle et l'équateur), il bénéficie de conditions idéales pour élaborer des vins de qualité.

La diversité de ses microclimats et de ses sols : argilo-calcaire, boulbènes (silice, argile et sable), palus (alluvions récentes), graves (présentes dans les meilleurs terroirs) permettent au vignoble bordelais de produire des vins pour accompagner tout un repas, du plus simple au plus prestigieux.

Le climat bordelais est de type atlantique, avec des hivers doux, des étés chauds mais tempérés par l'Océan tout proche.

Avec un peu plus de 120 000 hectares, c'est le plus grand vignoble d'A.O.C. français et le plus grand vignoble de vins fins du monde.

Principaux cépages

Contrairement à ce qui se passe dans d'autres régions, les vins du Bordelais sont généralement issus de plusieurs cépages.

◆ *Blancs :* essentiellement : ***Sémillon, Sauvignon*** et dans une moindre mesure **Muscadelle.** Le Sémillon apporte au vin souplesse et onctuosité. Le Sauvignon, donne des vins secs et frais (avec une acidité de bon aloi).

◆ *Rouges :* essentiellement : ***Cabernet-sauvignon, Merlot, Cabernet franc*** et dans une moindre mesure : *Malbec* et *Petit* verdot. Le Cabernet-sauvignon est surtout présent dans le Médoc et les Graves, le Merlot, dans le Libournais et dans les « Côtes ».

SOURCE : CIVB - PHOTO : PIERRE MACKIEWICZ

Sauvignon, il donne des vins secs et aromatiques.

SOURCE : CIVB - PHOTO : PIERRE MACKIEWICZ

Cabernet-sauvignon, très présent dans le Médoc et les Graves.

Classifications

Il faut savoir, qu'il n'existe pas un, mais six classements pour les vins du Bordelais.

SOURCE : MUSÉE DU VIN - PARIS, PHOTO : HAUTCŒUR

La classification des grands vins de la Gironde date de 1855

Le classement de 1855

Le plus connu, mais il ne s'applique qu'aux vins du Médoc (seule exception le Château Haut-Brion qui est un Graves) et à ceux de Sauternes.

Le classement des Crus Bourgeois du Médoc (jusqu'en 2007)

Le classement des crus artisans du Médoc

Le classement des Graves

Le classement de Saint-Émilion

Le classement des Sauternes et Barsac

Différents types de vin

Indépendamment des classifications qui figurent ci-dessus, dans la région bordelaise, les vins sont souvent présentés de la façon suivante : Vins blancs secs - Vins blancs doux (moelleux et liquoreux) - le Médoc et les Graves - Le Libournais - Les Côtes de Bordeaux. *Les cartes vous permettent de localiser les différentes A.O.C. par type de vin.*

Appellations d'Origine Contrôlée

Les vins du Bordelais sont présentés sous une soixantaine d'appellations. Il existe des A.O.C. régionales, sous-régionales et communales.

◆ A.O.C. régionales

Plus de 50 % des vins du Bordelais sont commercialisés sous une appellation régionale.

Bordeaux, cette A.O.C. se décline en : Bordeaux rouge, Bordeaux blanc sec, Bordeaux rosé et Bordeaux clairet (macération courte, robe peu soutenue, d'où son nom).

Bordeaux supérieur : conditions de production plus strictes que pour les précédents.

Bordeaux supérieur moelleux : élaboré à partir de raisins blancs cueillis à surmaturation.

Crémant de Bordeaux : réservé aux vins effervescents (blancs et rosés) élaborés selon la méthode traditionnelle, comme en Champagne.

Plus de 50 % des vins de Bordeaux sont commercialisés sous les A.O.C. Bordeaux et Bordeaux supérieur.

◆ Autres A.O.C.

Pour faciliter l'étude, elles sont présentées par type de vin.

Vins blancs secs

Les A.O.C. qui produisent ce type de vins sont localisées essentiellement dans les Graves, l'Entre-Deux-Mers et la région de Blaye :

Graves et Pessac-Léognan avec plusieurs crus classés : Château Laville Haut-Brion, Château Couhins, (classés pour les blancs), Château Carbonnieux, Domaine de Chevalier,... (classés pour les blancs et les rouges).

Entre-Deux-Mers : située entre la Garonne et la Dordogne, Côtes de Blaye, Premières Côtes de Blaye. On trouve également des vins blancs secs sous les A.O.C. Bordeaux, Crémant de Bordeaux, Entre-Deux-Mers, Haut-Benauge, Côtes de Bourg, Bordeaux Côtes de Francs et Graves de Vayres.

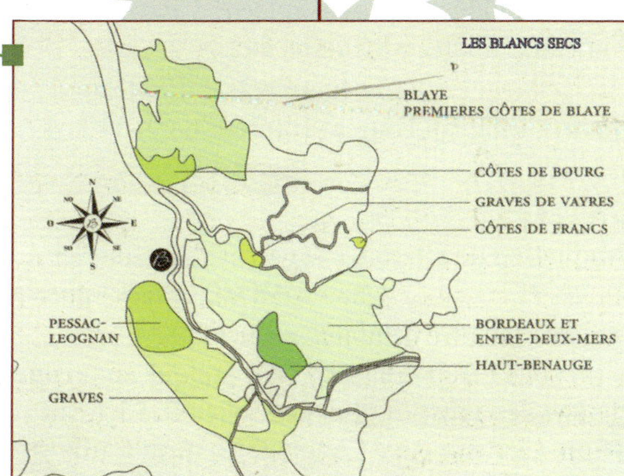

SOURCE : CIWB

Vins blancs doux (moelleux et liquoreux)

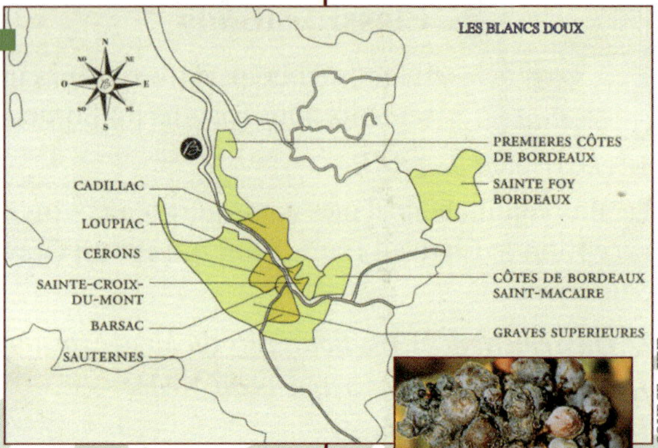

SOURCE : CIVB

Mondialement connue, la région de Sauternes produit des vins blancs liquoreux d'une qualité exceptionnelle, dont le célèbre Château Yquem, un des plus grands vins blancs du monde. La qualité des vins de Sauternes et des autres appellations qui produisent le même type de vin est due à un micro-climat qui permet le développement d'un champignon microscopique. Celui-ci provoque la « pourriture noble » (Botrytis cinerea). Dans certains châteaux la récolte s'effectue grain par grain et le rendement ne dépasse pas un verre de vin par pied de vigne.

Ces grands vins blancs sont commercialisés sous les appellations : Sauternes, réservée à 5 communes (principaux crus : Château Yquem, Château La Tour Blanche, Château Rayne Vigneau, etc.). Barsac, les vins produits sur cette commune peuvent revendiquer l'A.O.C. Sauternes (quelques crus : Château Climens, Château Coutet, etc.). Cerons, Loupiac, Sainte Croix-du-Mont, Cadillac, Graves Supérieures, Côtes de Bordeaux-Saint-Macaire, Premières Côtes de Bordeaux, Sainte-Foy-Bordeaux, Bordeaux Supérieur moelleux, Bordeaux Haut-Benauge.

PHOTO BRUNET

SOURCE : AMBASSADE DES VINS SAUTERNES BARSAC

Grappe botrytisée (pourriture noble)

Le Médoc et les Graves

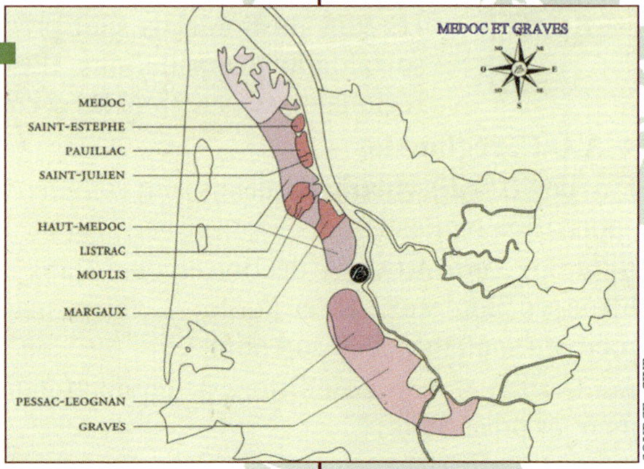

SOURCE : CIVB

Médoc

Exclusivement des vins rouges, commercialisés sous les A.O.C. :

Médoc, Haut-Médoc : de nombreux crus bourgeois sont commercialisés sous ces A.O.C.

Saint-Estèphe : avec Château Montrose, Château Cos-d'Estournel, etc.

Pauillac : le plus corsé des vins du Médoc, Pauillac peut s'enorgueillir de posséder 3 Premiers Crus : Château Latour, Château Lafite, Château Mouton-Rothschild.

Saint-Julien : avec Château Léoville-Las-Cases, Château Gruaud-Laroze, Château Léoville-Poyferré, Château Ducru-Beaucaillou, Château Lagrange, etc.

Margaux : avec le célèbre Château Margaux, à ne pas confondre avec l'A.O.C. Margaux ; Château Palmer, Château Lascombes, Château Kirwan, etc.

Moulis-en-Médoc : de nombreux crus bourgeois : Château Chasse-Spleen, Château Poujeaux, Château Brillette, etc.

Listrac-Médoc : crus bourgeois : Château Fourcas-Hosten, Château Fourcas-Dupré, Château Clarke, etc.

Graves

Production de vin rouge et de vin blanc sous les A.O.C. Graves et Pessac-Léognan (l'A.O.C. Graves Supérieures est réservée aux vins blancs moelleux).

C'est sous l'A.O.C. Pessac-Léognan que sont commercialisés les vins les plus prestigieux : Château Haut-Brion, Château Pape-Clément, Château Carbonnieux, Domaine de Chevalier, etc.

En dehors des vins du Médoc, le Château Haut-Brion est le seul vin rouge à bénéficier de la classification de 1855 (1er cru).

Chaque année, l'étiquette est dessinée par un artiste différent : Braque, Matisse, Picasso, etc.

Le Libournais

C'est sur la rive droite de la Dordogne, dans la région de Libourne, que sont produits les vins de Saint-Émilion, Pomerol et Fronsac.

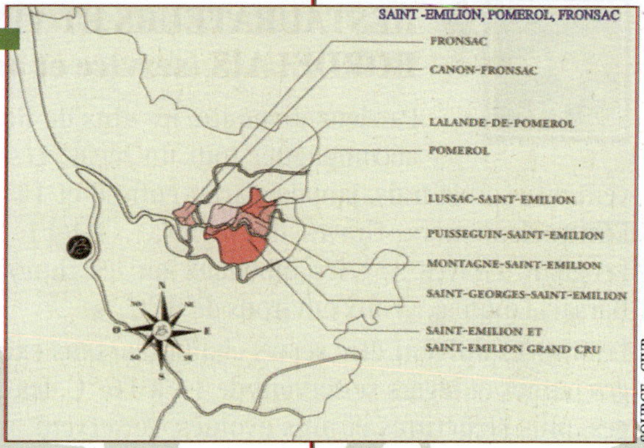

Saint-Émilion

Les vins sont présentés sous les A.O.C. : Saint-Émilion et Saint-Émilion Grand Cru.

Parmi les plus renommés, peuvent être cités : Château Ausone, Château Cheval-Blanc, Château Pavie, Château Belair, etc.

Quelques communes environnantes peuvent utiliser le nom de Saint-Émilion mais il doit être précédé par le nom de la commune. C'est le cas des A.O.C. : Montagne Saint-Émilion, Saint-Georges Saint-Émilion, Lussac Saint-Émilion et Puisseguin Saint-Émilion.

Les deux premiers grands crus classés «A»

Pomerol et Fronsac

L'A.O.C. Pomerol est peu étendue. Parmi les crus les plus prestigieux on peut citer : Château Petrus (un des vins les plus chers du monde), Château le Pin (très rare), Château Gazin, Vieux Château Certan, Château La Conseillante, etc. Jouxtant Pomerol, l'A.O.C. Lalande-de-Pomerol, Fronsac et Canon-Fronsac.

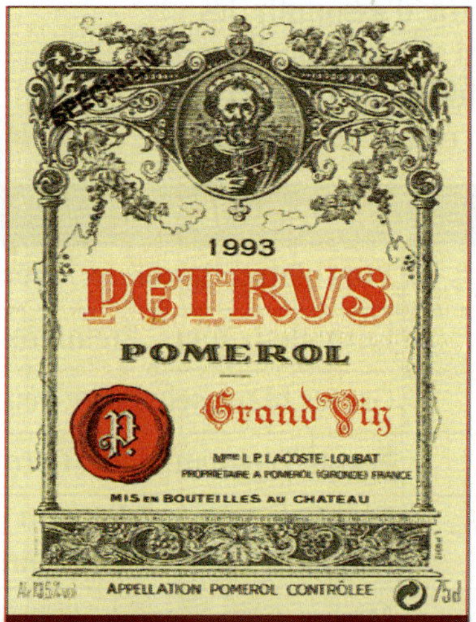

Pétrus, un vin que le monde entier nous envie.

Les Côtes de Bordeaux

Sous la dénomination « Côtes de Bordeaux » sont regroupées les appellations suivantes :

Premières Côtes de Bordeaux - Premières Côtes de Blaye - Côtes de Bourg - Bordeaux Côtes de Francs - Côtes de Castillon - Graves de Vayres - Sainte-Foy-Bordeaux.

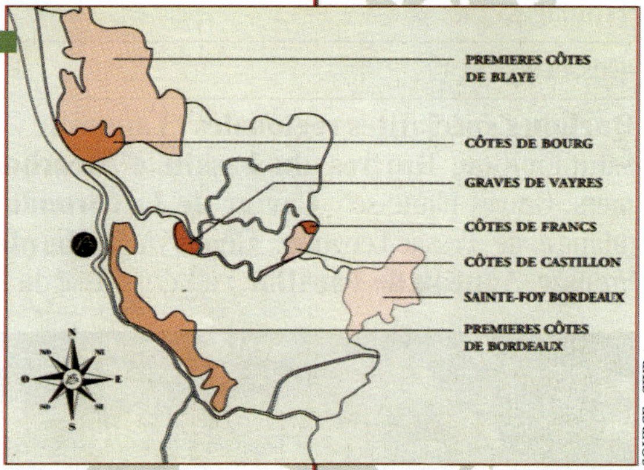

Caractères et conservation des vins du Bordelais

Comme nous l'avons vu précédemment, le Bordelais présente la particularité d'offrir une gamme complète de vins allant des vins blancs secs aux blancs moelleux et liquoreux. Les vins blancs secs et frais, type Entre-deux-mers, sont à boire jeunes, les vins blancs secs et souples, type crus de Pessac-Léognan, peuvent être conservés quelques années en cave. Quant aux vins rouges, ils offrent également une grande diversité. Les plus légers d'entre eux sont à boire jeunes, les vins plus corsés et plus tanniques ont généralement une bonne aptitude à la conservation, voire une très bonne aptitude à la conservation (10, 20, 25 ans et plus), c'est le cas de la plupart des crus classés du Médoc, de Pessac-Léognan et du Libournais, même si, pour ces derniers, la prédominance du Merlot leur confère, généralement, une évolution plus rapide que pour les vins du Médoc (de ceux de Pauillac en particulier).

RESTAURATEURS ET VINS DU BORDELAIS (service et accords)

Par leur diversité, les vins de Bordeaux peuvent accompagner tout un repas. Les blancs secs doivent être servis frais, jamais glacés, entre 8 et 11 °C (8/9 °C pour l'Entre-deux-mers, Graves de Vayres…, 10/11 °C pour Pessac-Léognan, Graves…) ; les moelleux ou les liquoreux (Sauternes, Barsac, Loupiac…) aux environs de 8 °C.

Les rouges doivent être servis chambrés, sans excès, les vins rouges jeunes et légers se servent de 14 à 16 °C, les grands vins rouges, plus structurés et plus évolués, se servent autour de 18 °C. Attention, ces derniers sont souvent servis trop chambrés ! Pour les vins rouges encore un peu trop tanniques et « sur la réserve », n'hésitez pas à les passer en carafe (il ne s'agit pas de décantage, voir partie service). Cela permettra d'assouplir les tanins et au vin de mieux s'exprimer sur le plan aromatique. Pour s'en convaincre, il suffit de faire une dégustation comparative du même vin avec deux bouteilles, l'une passée en carafe, l'autre pas.

PHOTO : BRUNET

Entre-deux-mers, Côtes de Blaye, Graves de Vayres, etc.

Quelques accords vins et mets

Apéritif, mets ou préparations	*Vins conseillés*
Apéritif	Vins blancs liquoreux, Crémant de Bordeaux, …
Entrées froides, fruits de mer	Entre-deux-mers, Premières Côtes de Blaye, …
Poissons meunière ou grillés	Graves blanc sec, Entre-deux-mers, …
Poissons en sauce avec de la crème	Pessac-Léognan blanc, Cérons, Côtes de Bordeaux Saint-Macaire, …
Viandes blanches	Vins issus essentiellement de Merlot : Libournais (Saint-Emilion, Pomerol, …), Côtes de Bourg, Crus classés Pessac-Léognan blanc, …
Viandes rouges grillées ou rôties	Médoc, Graves rouge, Saint-Emilion, Fronsac, Côtes de Castillon, …
Viandes rouges en sauce/gibiers	Saint-Emilion grand cru, Pauillac, Pomerol, …
Fromages	Vins liquoreux avec les bleus, Pomerol avec les pâtes type brie, …
Desserts	Sauternes, Graves supérieures, Loupiac, Sainte Croix du Mont, …

Quelques spécialités régionales : Lamproie à la bordelaise : Saint-Émilion, **Huîtres du bassin d'Arcachon :** Entre-deux-mers, Graves blanc sec. **Caviar de la Gironde :** Crus classés (blancs) de Pessac-Léognan. **Cèpes à la bordelaise :** Canon Fronsac. **Agneau de Pauillac :** un cru classé du Haut-Médoc.

PHOTO : BRUNET

Viandes blanches : vins de « côtes » issus essentiellement de Merlot (Bourg, Castillon, etc.)
Viandes rouges grillées : Médoc, Pessac Léognan, Fronsac…
Viandes rouges en sauce/gibier : Saint-Émilion grand cru, Pauillac, Pomerol…

SOURCE : CIVB · PHOTO : R. ROSENTHAL

La lamproie à la bordelaise se sert avec un vin rouge, généralement un Saint-Émilion.

8.2 - Bourgogne et Beaujolais

Le Clos de Vougeot

PHOTO : BRUNET

Bref historique

Les historiens ne sont pas tous d'accord sur l'origine du vignoble bourguignon. Mais chacun s'accorde sur la présence de la vigne dans cette région au début de l'ère chrétienne. Au VIe siècle, de nombreux monastères bourguignons étaient entourés de vignes. Au Moyen Âge, sous l'impulsion des Cisterciens et des Ducs de Bourgogne, sont apparus des vignobles prestigieux qui existent encore de nos jours (Clos de Vougeot, Musigny, ...).

Situation géographique, sols, climat et importance du vignoble

Le vignoble bourguignon s'étend sur 4 départements, si on y inclut le Beaujolais.

L'Yonne : avec les vignobles de Chablis, du Tonnerrois et de l'Auxerrois.

La Côte-d'Or : avec les prestigieuses Côte de Nuits et Côte de Beaune.

La Saône et Loire : avec la Côte châlonnaise et le Mâconnais.

le Rhône : avec le Beaujolais.

Le sol est différent selon la région où l'on se trouve, mais il est souvent à dominance calcaire dans l'Yonne, argilo-calcaire en Côte d'Or et en Saône et Loire.

Le climat est semi-continental avec des hivers froids et des étés chauds et ensoleillés. La partie nord (Yonne) est très sensible aux gelées printanières. Lorsque l'on parle chiffres, il faut toujours vérifier si le Beaujolais y est inclus ou si ces chiffres sont donnés hors Beaujolais (ce qui est de plus en plus fréquent).

La vignoble bourguignon, hors Beaujolais, c'est 25 000 hectares de vigne en production, soit environ 1/4 du vignoble bordelais.

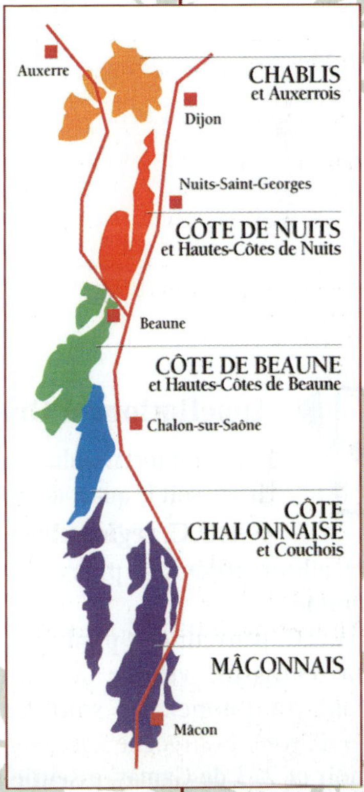

SOURCE : DOCUMENT BIVB

Principaux cépages

◆ *Blancs* : à l'exception de ceux commercialisés sous les A.O.C. : « Bourgogne Aligoté », « Bouzeron » et « Saint Bris » tous les vins blancs de Bourgogne sont issus, essentiellement, du cépage **Chardonnay.**

◆ *Rouges* : **Pinot noir** et **Gamay**. Le pinot noir est le cépage de tous les grands vins rouges de la Côte-d'Or. Le Gamay, cépage du Beaujolais, occupe des surfaces importantes dans le sud de la Saône-et-Loire (Mâconnais) et surtout dans le département du Rhône.

SOURCE : DOCUMENT BIVB

Chardonnay

SOURCE : DOCUMENT BIVB

Pinot noir

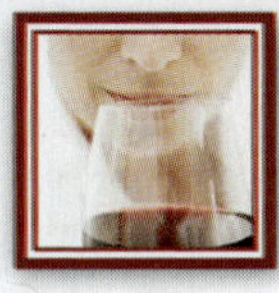

Classifications

Sur le plan qualitatif, les vins peuvent être classés en tenant compte des différentes catégories d'A.O.C. (ordre croissant).

Appellations régionales : Bourgogne, Bourgogne Aligoté, Bourgogne Passetoutgrain, etc.

Appellations communales : Pommard, Meursault, Gevrey-Chambertin, Beaune, etc. (accompagnées ou non d'un nom de climat). En Bourgogne, un climat correspond à un cru, à un lieu-dit.

Appellations communales suivies de la mention « Premier cru » éventuellement accompagnées par le nom du climat classé en premier cru : Pommard Rugiens, Meursault-Perrières, Beaune 1er cru, etc.

Appellations grand cru : Chambertin, Musigny, Montrachet, Grands Echézeaux, Romanée Conti, etc.

Dans ce cas, l'A.O.C. ne concerne pas une commune, mais un seul climat. C'est le nom du climat qui constitue l'A.O.C.

A.O.C. régionale

A.O.C. communale

A.O.C. Grand Cru. Dans ce cas, c'est le nom du climat qui constitue l'A.O.C..

A.O.C. communale classée Premier cru. Le vin ne peut provenir que du climat Perrières.

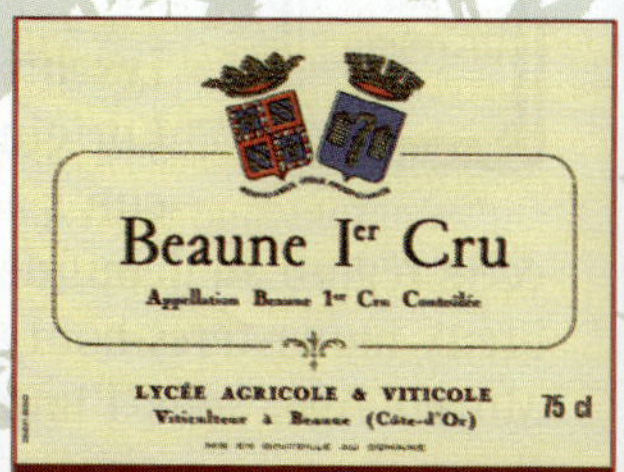

A.O.C. communale Premier Cru. Dans ce cas (aucun cru mentionné), le vin peut provenir de l'assemblage de plusieurs premiers crus de l'appellation Beaune.

Appellations d'Origine Contrôlée

Elles sont fort nombreuses en Bourgogne (une centaine), soit le quart de toutes les A.O.C. françaises.

◆ A.O.C. régionales

En volume, elles représentent plus de la moitié de la production bourguignonne.

Certaines A.O.C. peuvent être produites sur l'ensemble du territoire de la Bourgogne viticole (à l'exception d'une partie du département du Rhône). Ce sont les A.O.C. : Bourgogne, Bourgogne Aligoté, Bourgogne Passetoutgrain : 1/3 (minimum) de Pinot noir et 2/3 de Gamay, essentiellement des vins rouges, même si l'on trouve quelques rosés sous cette A.O.C.

Crémant de Bourgogne : vin effervescent élaboré selon la méthode traditionnelle, comme en Champagne.

L'appellation régionale « Bourgogne » peut être complétée par une dizaine d'indications géographiques. Exemple : *Côtes d'Auxerre, Vézelay…* D'autre part, les A.O.C. Mâcon, Mâcon + nom de villages et Mâcon Villages sont également considérées comme des A.O.C. régionales.

A.O.C. régionale

Bourgogne Passetoutgrain : Pinot noir, Gamay (1/3 minimum de Pinot noir).

Aligoté est le nom d'un cépage, Bourgogne Aligoté, une A.O.C.

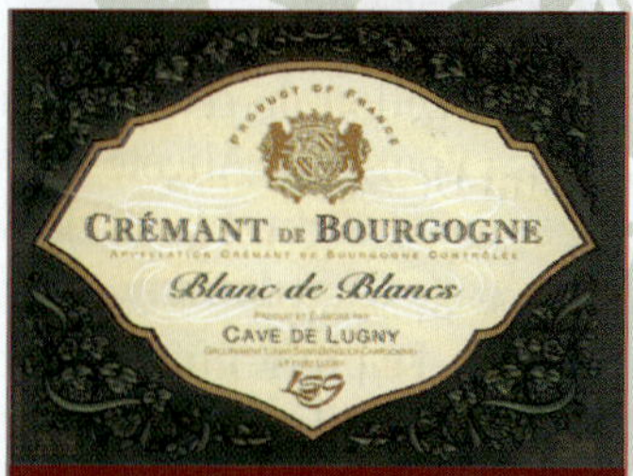

Vin effervescent élaboré par la méthode traditionnelle (comme le champagne).

L'A.O.C. Bourgogne est parfois complétée par une indication de provenance. Dans ce cas, les vins ne peuvent provenir que de la zone délimitée.

◆ Autres A.O.C.

A) YONNE : A.O.C. (voir la carte)

Caractères et conservation des vins

Les Chablis sont des vins blancs secs, parfois très secs. Les « Petits Chablis », légers, sont à boire jeunes, dans l'année qui suit la récolte. Les « Chablis » et « Chablis Premier Cru » sont secs et persistants en bouche, ils sont prêts à boire au bout de 2 à 3 ans, mais certains peuvent se conserver plus longtemps, surtout les Premiers Crus. Quant aux « Chablis Grand Cru », ils ont généralement du gras et de la fraîcheur avec une pointe de minéralité. Ils ne s'expriment vraiment qu'après 4 à 5 ans.

Quelques vins (crus ou appellations) parmi les plus prestigieux

Grands crus : Valmur, Vaudésirs, Bougros, Blanchots, Les Clos, Grenouilles, Les Preuses.

CÔTE DE NUITS

- MARSANNAY
- FIXIN
- GEVREY-CHAMBERTIN
Chambertin, Chambertin-Clos de Bèze, Chapelle-Chambertin, Charmes et Mazoyères-Chambertin, Griotte-Chambertin, Latricières-Chambertin Mazis-Chambertin, Ruchottes-Chambertin
- MOREY-SAINT-DENIS
Clos Saint-Denis, Clos de la Roche, Clos des Lambrays, Clos de Tart, Bonnes-Mares (partie)
- CHAMBOLLE-MUSIGNY
Musigny, Bonnes-Mares (partie)
- VOUGEOT
Clos de Vougeot
- VOSNE ROMANÉE
Romanée, Romanée-Conti, Romanée-St-Vivant, Richebourg, La Tâche, Echézeaux Grands-Echézeaux, La Grande Rue
- NUITS SAINT-GEORGES

(A.O.C. COMMUNALES EN MAJUSCULES, GRANDS CRUS EN MINUSCULES).

VIGNOBLE DE LA CÔTE DE NUITS
ET DES HAUTES CÔTES DE NUITS

B) CÔTE-D'OR : A.O.C. (voir les cartes)

Caractères et conservation des vins

La Côte-d'Or produit des vins blancs dont certains font partie des plus grands vins blancs du monde. Les grands crus ont des arômes riches et complexes, beaucoup de corps, du gras, et une saveur ample et intense. On retrouve les mêmes caractères pour les premiers crus mais à un degré moindre. Quant aux A.O.C. communales, leurs vins sont moins complexes mais ils présentent un bel équilibre. Grands crus et Premiers crus peuvent se conserver 8 à 12 ans, voire plus pour certains d'entre eux.

Les vins rouges ont des arômes complexes. Certains sont puissants et charnus (Chambertin, Pommard…), d'autres sont plus souples (Chambolle-Musigny, Morey-Saint-Denis, Vosne-Romanée, Savigny-les-Beaune, Volnay…). Si l'on excepte les appellations régionales, tous ont une bonne aptitude à la conservation : 5 à 10 ans pour les A.O.C. communales, 8 à 15 ans pour les premiers crus, plus pour la plupart des grands crus. Bien évidemment, cette durée varie en fonction du millésime, de la vinification et des conditions de stockage.

CÔTE DE BEAUNE

- LADOIX
- ALOXE-CORTON
Corton, Corton-Charlemagne
- PERNAND-VERGELESSES
- SAVIGNY-LES-BEAUNE
- CHOREY-LES-BEAUNE
- BEAUNE
- POMMARD
- VOLNAY
- MONTHELIE
- AUXEY-DURESSES
- SAINT-ROMAIN
- MEURSAULT (BLAGNY)
- PULIGNY-MONTRACHET
Montrachet, Bâtard-Montrachet Chevalier-Montrachet, Bienvenues-Bâtard-Montrachet
- CHASSAGNE-MONTRACHET
Montrachet, Bâtard-Montrachet, Criots-Batard- Montrachet
- SAINT-AUBIN
- SANTENAY
- MARANGES

(A.O.C. COMMUNALES EN MAJUSCULES, GRANDS CRUS EN MINUSCULES).

VIGNOBLE DE LA CÔTE DE BEAUNE
ET DES HAUTES CÔTES DE BEAUNE

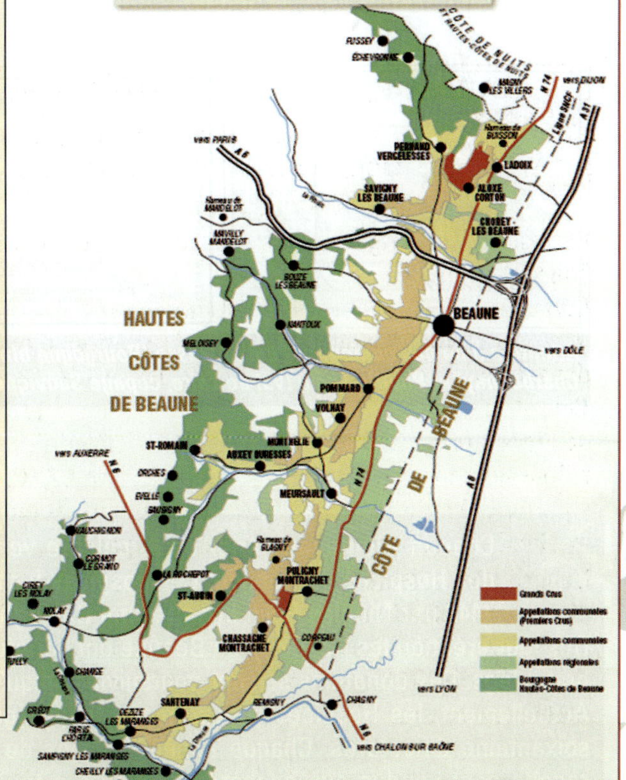

Quelques vins (crus ou appellations) parmi les plus prestigieux :

En Côte de Nuits : Romanée-Conti, Chambertin, Musigny, Richebourg, Clos de Vougeot…

En Côte de Beaune : Montrachet, Corton-Charlemagne, Corton, Pommard, Volnay.

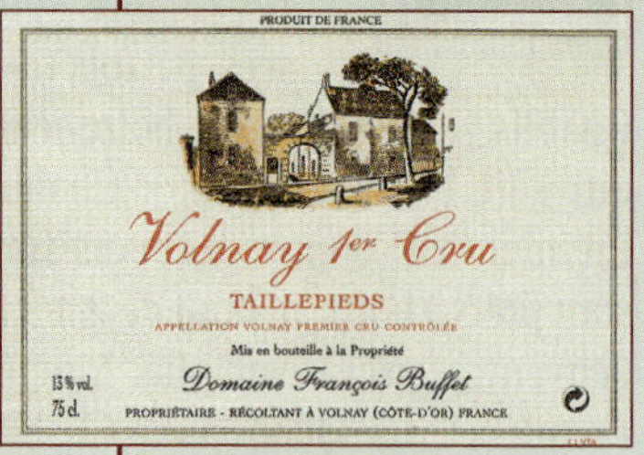

Contrairement aux autres A.O.C. communales de la Côte de Beaune, Pommard et Volnay ne produisent que des vins rouges.

C) SAÔNE ET LOIRE : A.O.C. (voir la carte)

Caractères et conservation des vins

Les vins blancs sont des vins secs, bien équilibrés, à boire jeunes, à l'exception des plus grands (Pouilly-Fuissé, Mercurey blanc…) qui ont une assez bonne aptitude au vieillissement (5 à 8 ans environ).

Les vins rouges de la Côte chalonnaise sont des vins avec une belle structure et une assez bonne aptitude au vieillissement. Ceux du Mâconnais sont plus légers, surtout lorsqu'ils sont issus de gamay, dans ce cas, il faut les boire rapidement.

Quelques vins (crus ou appellations) parmi les plus prestigieux : Mercurey, Bouzeron (cépage aligoté), Pouilly-Fuissé.

Attention à ne pas confondre Pouilly-Fuissé (Bourgogne blanc, cépage Charbonnay) et Pouilly-Fumé (Val de Loire, cépage Sauvignon).

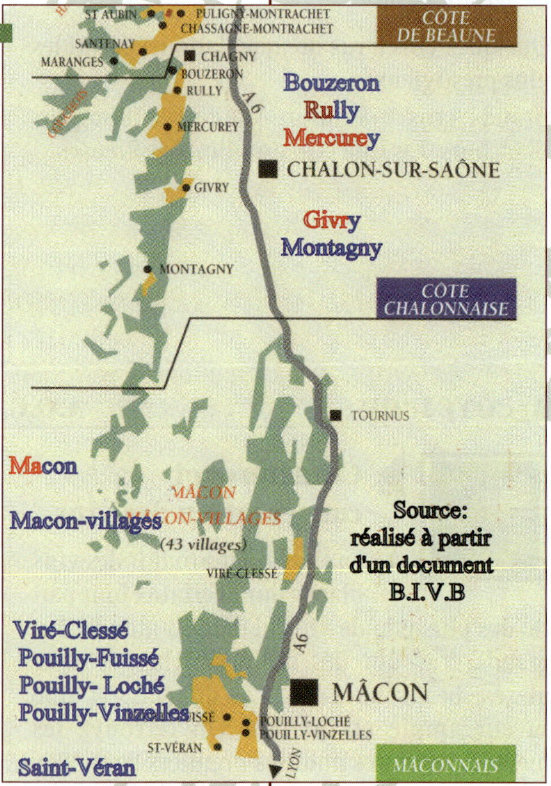

SOURCE : À PARTIR D'UN DOCUMENT BIVB

Étiquette récente

PHOTO BRUNET

Les Hospices de Beaune ont été créés par Nicolas Rolin et Guigogne de Salins.

Chacun a entendu parler de la célèbre vente des vins des Hospices de Beaune. Ces hospices furent créés en 1443 par Nicolas Rolin et sa femme Guigogne de Salins. Dès leur création les Hospices de Beaune ont bénéficié de nombreux legs. Ces donations se sont poursuivies jusqu'à nos jours. Actuellement, les Hospices sont à la tête d'un vignoble d'une soixantaine d'hectares. Chaque année, les vins de la dernière récolte sont vendus aux enchères. La vente a toujours lieu le 3ème dimanche de novembre.

Le Beaujolais

Situation géographique, sols, climat et importance du vignoble

Cette vaste région (22 500 hectares), située essentiellement dans le département du Rhône, s'étend de Leynes, au sud de Mâcon, à L'Arbresle (à quelques kilomètres de l'agglomération lyonnaise).

Dans la partie nord, les sols sont à dominance de granit (parfois décomposé) et de schistes, alors que dans la partie sud, ils sont à dominance argilo-calcaire.

Le climat ne connaît pas d'excès, ce qui est très favorable à la culture de la vigne.

Cépages

Si on excepte une petite production de vin blanc issu de Chardonnay, les vins du Beaujolais sont produits à partir du cépage **Gamay noir (à jus blanc).** Dans les derniers décrets, la précision « à jus blanc » n'apparaît plus.

Appellations d'Origine Contrôlée

Beaujolais et Beaujolais supérieur : 50 % de la production, dont une grande partie vendue « en primeur » (à partir du premier jeudi de novembre).

Beaujolais-Villages : 25 % de la production. Cette appellation est réservée à 38 communes situées dans la partie nord du Beaujolais caractérisée par des sols granitiques ou schisteux.

Les crus : au nombre de 10, ils bénéficient d'une A.O.C. propre.

Saint-Amour, Juliénas, Chenas, Moulin-à-Vent, Fleurie, Chiroubles, Morgon, Régnié, Brouilly, Côte de Brouilly.

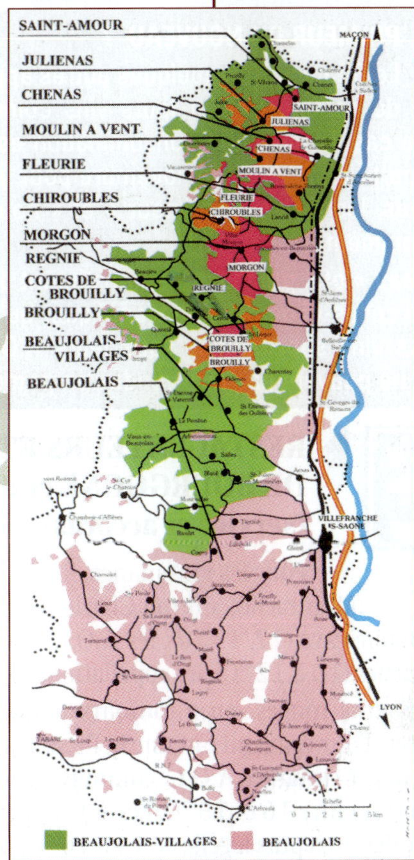

SOURCE : MONTAGE RÉALISÉ À PARTIR D'UN DOCUMENT "CONNAISSANCE DU BEAUJOLAIS CCI VILLEFRANCHE ET UIVB"

Quelle est la différence ?

Ils sont rares mais ils existent.

Caractères et conservation des vins du Beaujolais

Beaujolais et Beaujolais supérieur sont des vins fruités, à boire jeunes et frais : 10/12 °C.

Les Beaujolais-Villages sont plus riches, plus profonds, il faut les boire à température de la cave (12 °C). Parmi les crus, certains offrent des vins délicats et bouquetés : Saint-Amour, Fleurie, Chiroubles… d'autres des vins plus corsés : Morgon, Moulin-à-vent, ces derniers ont une assez bonne aptitude au vieillissement, surtout le Moulin-à-vent. Il faut servir les crus à 14/15 °C maximum.

La **« vinification beaujolaise »** : Elle allie une macération semi-carbonique (ou vinification en raisins entiers, ce qui implique une vendange manuelle) et une fermentation traditionnelle. Cette vinification confère au vin beaucoup de fruité, de souplesse et de fraîcheur.

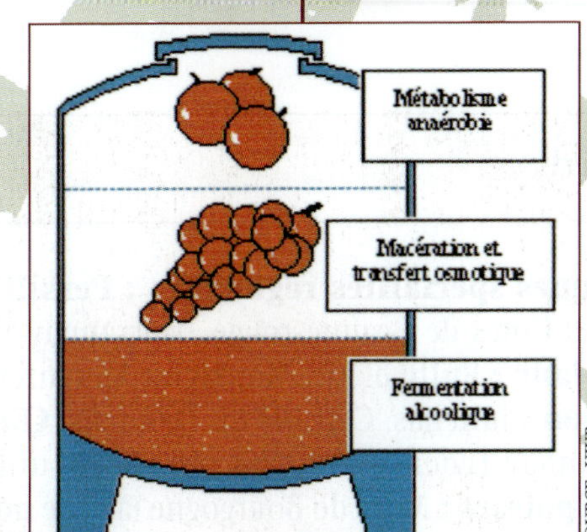

SOURCE : UIVB

PRIMEUR OU NOUVEAU ?

Le Beaujolais et quelques autres appellations ont le droit de commercialiser leurs vins comme « vin primeur ». Dans ce cas, la mise à la consommation est anticipée, en principe à partir du 3e jeudi de novembre pour le Beaujolais. Sur les étiquettes, les termes « primeur » et « nouveau » sont utilisés indifféremment.

« Nouveau » et « primeur » ne constituent pas des appellations, puisque celles-ci ne peuvent s'appliquer qu'à un lieu géographique. Les vins sont vendus sous leurs A.O.C. respectives. Les 10 crus ne peuvent pas être vendus en primeur.

RESTAURATEURS ET VINS DE BOURGOGNE et du Beaujolais (service et accords)

Pour les vins blancs, il faut servir les plus grands d'entre eux (Montrachet, Corton Charlemagne…) à la température d'une bonne cave (12/13 °C), les A.O.C. communales légèrement plus fraîches (10 à 12 °C), les appellations régionales de 8 à 10 °C. Pour les vins rouges, on a toujours tendance à les servir trop chambrés. Pour ceux qui ont une belle structure (grands crus, premiers crus et certaines A.O.C. communales), il serait souhaitable de les servir entre 16 et 18 °C. Les A.O.C. régionales, qui donnent souvent des vins plus légers, de 14 à 16 °C. Beaujolais *(voir ci-dessus, « partie caractères et conservation » page précédente).*

Accord Bourgogne et fromages

Quelques accords vins et mets

Apéritif, mets ou préparations	*Vins conseillés*
Apéritif	Kir (Bourgogne Aligoté et cassis de Dijon), Crémant de Bourgogne brut
Entrées froides, fruits de mer	Chablis, vins blancs de la Côte Chalonnaise ou du Mâconnais, Saint-Bris, Bouzeron, …
Poissons meunière ou grillés	Chablis premier cru, Pouilly-Fuissé, Rully blanc, Beaujolais blanc, …
Poissons en sauce avec crème	Meursault, Puligny-Montrachet, Musigny blanc, Chablis grand cru, …
Viandes blanches	Vins rouges de Chambolle-Musigny, Beaune, Irancy, Mâcon, … Beaujolais rosé
Viandes rouges rôties ou grillées	Mercurey, Volnay, Nuits Saint Georges, Beaujolais-villages, …
Viandes rouges en sauce/gibiers	Gevrey-Chambertin, Pommard, Corton rouge, Moulin-à-vent, …
Fromages	Volnay, Vosne-Romanée, Beaune… sur les fromages pas très forts, Pommard, Corton rouge, sur les autres. Saint-bris, Mâcon blanc sur un fromage de chèvre, …
Desserts	Crémant de Bourgogne demi-sec, vins blancs moelleux du Mâconnais, vins rouges légers sur les desserts à base de fruits rouges, …

Quelques spécialités régionales : Persillé de Bourgogne : Hautes Côtes de Beaune rouge, Marsannay rosé. **Pochouse au vin blanc :** Rully blanc, Montagny, Mercurey blanc, … **Rosette de Lyon :** Juliénas, Coteaux du Lyonnais. **Œufs en meurette :** Marsannay, Ladoix, … **Coq au vin :** le vin utilisé pour préparé le coq. **Epoisses :** Marc de Bourgogne (à dose homéopathique…).

8.3 - Champagne

Connus du monde entier, les vins de Champagne ont un caractère festif incontestable.

Bref historique

Des fossiles retrouvés dans la région de Sézanne attestent que la vigne existait en Champagne dès l'époque tertiaire. Mais il s'agissait bien évidemment de vigne sauvage. Il est vraisemblable qu'en arrivant dans cette région les Romains y trouvèrent du vin. Par la suite, lors du sacre des rois de France à Reims, la noblesse du royaume et les souverains étrangers ont pu découvrir et apprécier les vins champenois. Mais pendant très longtemps, ces vins furent élaborés en rouge. Ils constituaient alors des concurrents directs pour les vins de Bourgogne. C'est au XVIIe siècle que Dom Pérignon, moine cellérier de l'Abbaye d'Hautvillers et contemporain de Louis XIV, eut l'idée d'exploiter la tendance naturelle des vins de cette région à faire des bulles. Un grand pas venait d'être franchi vers les vins de Champagne que nous apprécions aujourd'hui.

SOURCE : MOËT ET CHANDON - PHOTO : ALAIN MANGIN

L'abbaye de Hautvillers, berceau du champagne

Situation géographique, sols, climat et importance du vignoble

Le vignoble est situé à l'est du Bassin Parisien. Il s'étend essentiellement sur trois départements : la Marne, l'Aisne et l'Aube (plus quelques hectares en Seine-et-Marne et en Haute-Marne). La Champagne vinicole est subdivisée en sous-régions : **la Montagne de Reims, la Vallée de la Marne, la Côte des Blancs, les vignobles de l'Aube** (Côte des Bars) et la petite zone du Sézannais.

Le sol, essentiellement calcaire, est un élément primordial de la qualité des vins de Champagne. Le climat est de type septentrional, avec à la fois, des influences océaniques et continentales.

Le vignoble champenois couvre 35 000 ha. Une extension de la zone de production (40 communes environ) est en cours.

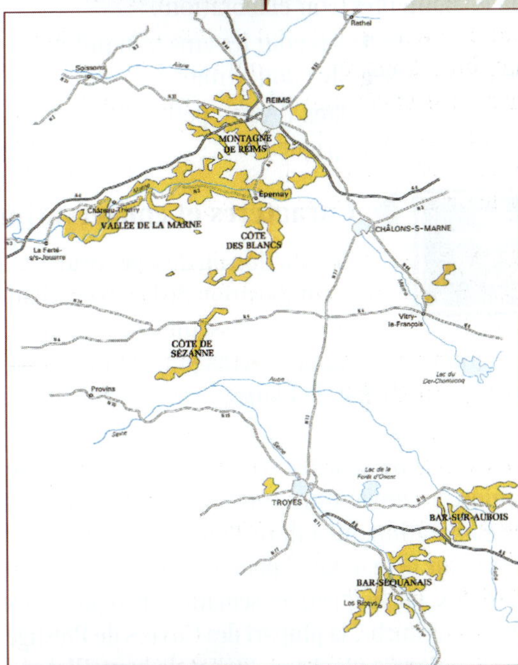

SOURCE : SOPEXA

Vignobles de Champagne

Principaux cépages

Trois cépages sont admis en Champagne. Complémentaires, ils sont souvent assemblés (cuvée).

◆ *Blanc :* ***Chardonnay,*** surtout localisé en Côte des blancs. Il apporte : finesse et élégance. C'est à partir de ce cépage que sont élaborés les « blanc de blancs ».

◆ *Rouges :* ***Pinot noir*** (Montagne de Reims et vignoble de l'Aube). Essentiellement vinifié en blanc (blanc de noirs), il apporte à l'assemblage corps et générosité.

Pinot Meunier, surtout présent dans la Vallée de la Marne. Il évolue plus rapidement que les 2 autres cépages.

SOURCE : COLLECTION CIVC.

Chardonnay.

SOURCE : COLLECTION CIVC.

Pinot noir.

SOURCE : COLLECTION CIVC.

Pinot meunier.

Le Chardonnay est surtout présent dans la Côte des blancs, le Pinot noir en Montagne de Reims et le Pinot meunier en Vallée de la Marne.
C'est à partir de Chardonnay que sont élaborés les champagnes " Blanc de blancs".

Classification(s)

En Champagne, toutes les communes sont classées dans « l'échelle des crus » qui va de 80 à 100 %. Si un Champagne est élaboré avec des vins provenant de commune(s) classée(s) à 100 % (il en existe 17), il peut se vendre comme « **Grand Cru** ». S'il provient de commune(s) classée(s) entre 90 et 99 %, il peut se vendre comme « **Premier Cru** ».

Mais les champagnes sont généralement des vins d'assemblage (différentes provenances, différents cépages). Pour le Bordelais ou la Bourgogne, l'acheteur se réfère à la provenance : Médoc, Pommard ; pour l'Alsace au cépage : Riesling, Sylvaner. En Champagne, le critère de choix est très souvent la marque commerciale : Ruinart, Moët et Chandon, Roederer, Mumm, Pommery, Lanson, Laurent-Perrier, Krug, Mercier, Taittinger, Bollinger, Duval-Leroy, etc.

Grand Cru : communes classées à 100 %
Premier Cru : communes classées entre 90 et 99 %

Appellations d'Origine Contrôlée

En Champagne, il en existe trois :

Champagne, la plus connue, elle est réservée aux vins effervescents obtenus par seconde fermentation en bouteilles (voir élaboration).

Coteaux Champenois pour les vins tranquilles. Ils existent en blanc et en rouge (exemple : Bouzy rouge).

Rosé des Riceys (dans l'Aube) petite production de vins rosés. Ce n'est pas un Champagne.

Champagne brut

Champagne 1/2 sec

Blanc de blancs 100 % Chardonnay

Caractères et conservation des vins

En fonction du dosage : brut, sec, demi-sec … et de la composition de la cuvée : blanc de blancs, blanc de noirs, assemblage des deux, le Champagne offre toute une gamme de vins plus ou moins secs, plus ou moins léger… un « blanc de blancs » est généralement plus léger qu'un « blanc de noirs ».

Le Champagne se conserve en cave fraîche, ni trop sèche, ni trop humide, à température constante (si possible 10 à 12 °C). Après une élaboration qui a duré au moins un an et demi, le Champagne est mis sur le marché, il peut alors être consommé immédiatement ou, mieux, après quelques semaines de repos à la suite de son transport. En revanche, la plupart des Cuvées de Prestige n'atteignent leur apogée qu'après plusieurs années de bouteilles et se conservent très bien pendant 12, 15 ans, voire plus.

Pour l'élaboration voir l'encadré page 52 et la partie « Vins effervescents » page 28

RESTAURATEURS ET VINS DE CHAMPAGNE (service et accords)

Le Champagne doit être servi frais, jamais glacé. À 8 °C, environ, pour les vins jeunes et non millésimés. À 10 °C, environ, pour les vins millésimés et pour les grandes cuvées, voire 10 à 12 °C pour certaines cuvées de prestige arrivées à maturité.

Évitez les coupes, même si l'on prétend que la première aurait été moulée sur le sein de la Pompadour… Utilisez des flûtes ou des verres tulipes.

PHOTO : JOLYOT

Épreuve de « Service du Champagne » lors du concours du Meilleur Sommelier d'Europe (Trophée Ruinart)

Le Champagne offre la particularité d'être un vin qui peut être consommé à toutes les heures de la journée. Il se sert en dehors des repas, à l'apéritif, lors d'une réception, mais également pour accompagner tout un menu. On ne servira pas le même type de vin : à l'apéritif, sur un poisson, un carré d'agneau, un fromage ou un dessert. C'est une erreur de servir un Champagne brut non dosé ou peu dosé (pas ou peu de sucre dans la liqueur de tirage) sur un dessert sucré. Choisissez un brut un peu plus dosé, ou mieux, un sec ou un demi-sec.

Un Champagne sans année est normalement servi avant un millésimé, un blanc de blancs avant un blanc de noirs.

PHOTO : BRUNET

Ce qu'il ne faut jamais faire : masquer l'étiquette.

Quelques accords vins et mets

Apéritif, mets ou préparations	*Vins conseillés*
Apéritif	Le Champagne constitue un excellent apéritif. Il faut le choisir vif et délicat, généralement un blanc de blancs ou à dominance de Chardonnay.
Entrées froides, fruits de mer	Coteaux champenois blanc ou mêmes vins que pour l'apéritif, …
Poissons meunière ou grillés	Coteaux Champenois blanc, Blanc de blancs non millésimés, …
Poissons en sauce avec crème	Champagne brut légèrement dosé, cuvées spéciales, …
Viandes blanches	Champagne non millésimé à base de Pinot meunier, Rosé des Riceys, …
Viandes rouges rôties ou grillées	Champagne millésimé à base de Pinot noir, rosé brut (surtout sur l'agneau).
Viandes rouges en sauce/gibier	Coteaux champenois rouge pour sauce brune, cuvée spéciale ou de prestige à maturité sur certains gibiers (type faisan braisé, perdreaux rôtis…), …
Fromages	Mêmes vins que pour les viandes rôties, mais aussi Coteaux Champenois blanc sur un fromage de chèvre.
Desserts	Champagne demi-sec, demi-sec rosé avec les desserts à base de fruits rouges.

Il est possible de faire un repas tout au Champagne. Dans ce cas, il faut prévoir plusieurs types de Champagne.

Par exemple : commencer par une cuvée à base de blanc de blancs (Chardonnay), puis une cuvée à base de blanc de noirs (Pinot) et terminer par un demi-sec ou un brut pas trop sec.

PHOTO : BRUNET

CHAMPAGNE BRUT BLANC DE NOIRS
avec les viandes blanches et les volailles

PHOTO : BRUNET

CHAMPAGNE BRUT BLANC DE BLANCS
(non millésimé) avec poissons meunière ou grillés.
CHAMPAGNE BRUT BLANCS DE BLANCS
(millésimé) sur poissons avec une sauce légèrement crémée. (Ici, avec omble aux asperges)

Élaboration du Champagne

Elle se déroule en deux temps : l'élaboration du « vin de base », puis la transformation du vin tranquille en vin effervescent.
Après la vendange, le raisin est transporté délicatement au pressoir. Après le pressurage intervient la fermentation alcoolique. On obtient des vins dits **« vins de base »**. À partir d'un « Marc » soit 4000 kg de raisin, on peut élaborer 2550 litres de vin.

À partir des vins de base, on procède à l'élaboration de la cuvée qui consiste à effectuer des **assemblages** pour retrouver le type « maison ». Les vins rosés sont élaborés, essentiellement, par assemblage de vin blanc et de vin rouge (produits en Champagne).

Si l'année se suffit à elle-même on élabore du « CHAMPAGNE MILLESIMÉ » qui devra séjourner 3 ans en caves (après la date des vendanges). Si l'année ne se suffit pas à elle-même, le vin est assemblé avec des vins de réserve. On élabore alors un « CHAMPAGNE NON MILLESIMÉ » qui devra rester en cave 15 mois (à partir de la mise en bouteilles).

Après les assemblages, on ajoute la liqueur de tirage (levure et sucre) puis les bouteilles sont descendues en caves où va s'effectuer la **seconde fermentation en bouteilles.**

La seconde fermentation terminée, intervient le remuage. Pendant très longtemps, cette opération s'est effectuée manuellement sur des pupitres avec un **remuage** journalier. De nos jours, les pupitres laissent de plus en plus la place aux giropalettes. Le remuage terminé, les bouteilles peuvent être stockées sur pointes. Puis intervient le dégorgement qui correspond à l'expulsion du dépôt. Cette opération s'est longtemps effectuée « à la volée ». Actuellement, elle est facilitée par l'utilisation du froid (le goulot de la bouteille passe dans un mélange réfrigérant. Le dépôt se trouve alors emprisonné dans un petit glaçon). Le vide est comblé par la « liqueur d'expédition » plus ou moins dosée en sucre selon que l'on désire un Champagne : brut, sec ou demi-sec.

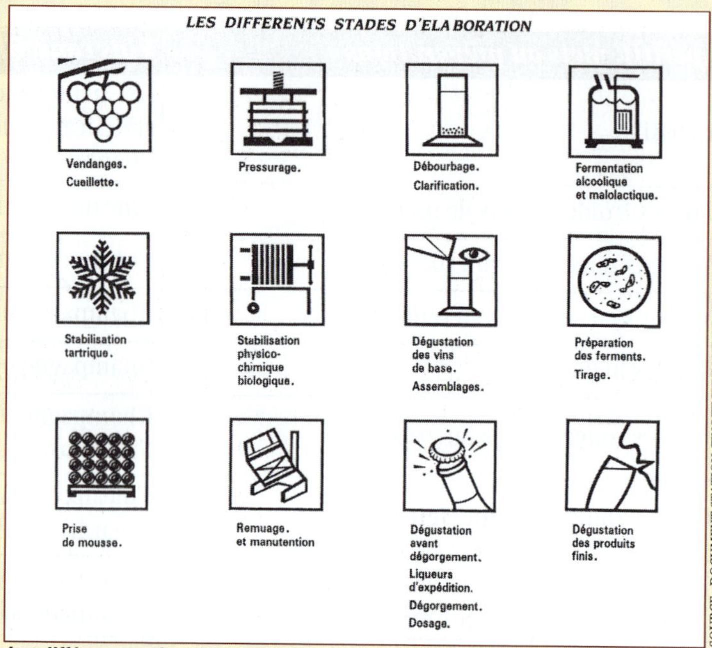

Les différents stades d'élaboration

SOURCE : DOCUMENT STATION ŒNOTECHNIQUE DE CHAMPAGNE

Présentation du Champagne

Quart : 18,7 cl *
Demi-bouteille : 37,5 cl*
Bouteille : 75 cl*
Magnum : 2 bouteilles*
Jéroboam : 4 bouteilles*
Réhoboam : 6 bouteilles
Mathusalem : 8 bouteilles
Salmanazar : 12 bouteilles
Balthazar : 16 bouteilles
Nabuchodonosor : 20 bouteilles

SOURCE : DOCUMENT RUINART

Seules ces présentations sont couramment utilisées

Savoir lire une étiquette

Indépendamment des mentions : Grand Cru, Premier Cru, Blanc de blancs, figurent obligatoirement sur les étiquettes : l'appellation Champagne, la marque ainsi que le numéro délivré par le Comité Interprofessionnel. Ce dernier est assorti de lettres qui renseignent sur le producteur : **N.M. (Négociant-Manipulant), R. M. (Récoltant-Manipulant), R.C. (Récoltant-Coopérateur), S. R. (Société de Récoltants), etc.**

Les cuvées de prestige

La plupart des maisons élaborent une « cuvée de prestige » : Moët et Chandon : Dom Pérignon, Ruinart : Dom Ruinart, Taittinger : Comtes de Champagne, Roederer : Cristal Roederer, etc.

8.3 - Vins de l'Est

L'Alsace

Bref historique

Comme dans la plupart des autres vignobles français, ce sont les légions romaines qui ont introduit la vigne en Alsace. Au Moyen Âge, les vins de cette région comptaient parmi les plus réputés et les plus chers d'Europe. Mais de nombreuses guerres (guerre de 30 ans, guerre de 1870 avec l'annexion de l'Alsace à l'Allemagne…), ont interrompu cette période de prospérité. Ce n'est vraiment qu'après la Seconde Guerre mondiale que, grâce à une sévère politique de qualité, le vignoble alsacien a retrouvé sa place parmi l'élite des grands vins français.

Situation géographique, sols, climat et importance du vignoble

Le vignoble alsacien est situé au nord-est de la France, aux portes de Strasbourg (capitale de l'Europe) et dans la région de Colmar, sur les départements du Haut-Rhin et du Bas-Rhin. Les sols y sont très variés : calcaire, grès, schistes, granit, … Localisé, essentiellement sur les collines sous-vosgiennes, le vignoble est protégé des vents d'ouest par le massif vosgien. Il bénéficie d'un climat semi-continental avec des hivers froids et des étés chauds, ces derniers sont souvent prolongés par une très belle arrière-saison, propice à une bonne maturité des raisins et à l'élaboration de vendanges tardives et de sélection de grains nobles… La pluviosité y est faible.

La superficie plantée en vignes est légèrement supérieure à 15 000 hectares.

Principaux cépages

En Alsace, la notion de cépage revêt une importance particulière. En effet, contrairement aux autres régions, les vins sont généralement commercialisés sous le nom du cépage dont ils sont issus.

◆ *Blancs :* ***Riesling :*** vin sec, racé et fruité. ***Gewurztraminer :*** ce cépage donne des vins avec des qualités aromatiques exceptionnelles. ***Pinot gris :*** ce cépage donne des vins capiteux et corsés. Jusqu'en 2007, il pouvait être commercialisé sous le nom de « Tokay Pinot gris ».

Muscat : le Muscat d'Alsace est un vin sec et fruité.

Puis l'on trouve : ***Pinot blanc,*** sec et délicat. ***Auxerrois*** (assimilé au Pinot blanc), ***Sylvaner,*** frais, léger et fruité. ***Chardonnay*** (admis pour les crémants) et un peu de ***Savagnin rosé*** pour les vins commercialisés sous l'A.O.C. « Alsace Klevener d'Heilligenstein » (dans ce cas, Klevener s'écrit avec un e après le v).

◆ *Rouge :* ***Pinot noir*** (seul cépage rouge).

ATTENTION : Edelzwicker et Gentil ne sont pas des cépages mais des assemblages harmonieux de vins issus de différents cépages blancs (dont au moins 50 % de Riesling, de Gewurztraminer, de Pinot Gris ou de Muscat pour le Gentil).

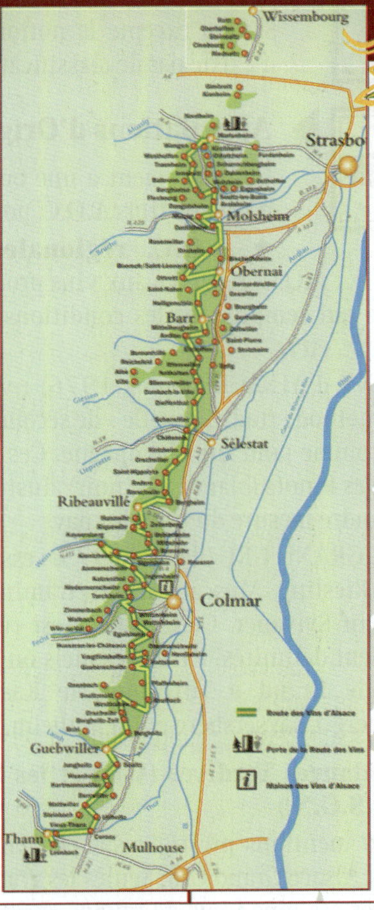

SOURCE : CIVA

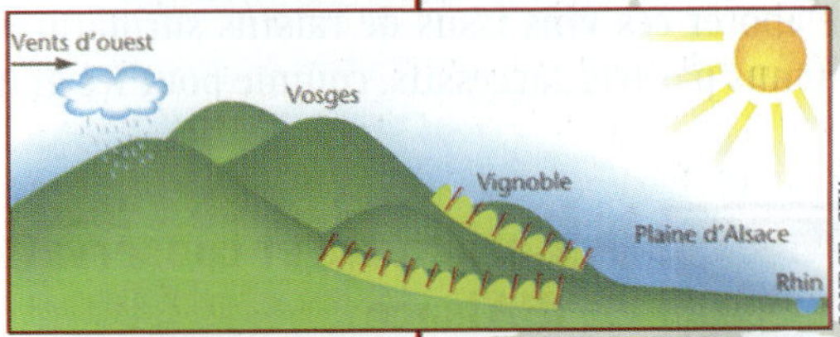

SOURCE : CIVA

Riesling
Muscat
Gewurztraminer
Pinot gris

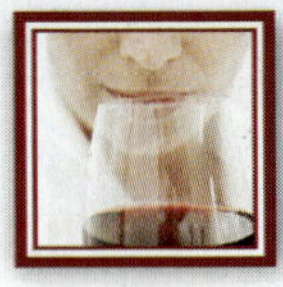

Classification(s)

Si l'on excepte la notion de « grands crus », il n'existe pas de classification officielle en Alsace.

Appellations d'Origine Contrôlée

Contrairement à une opinion très répandue, il n'y a que trois A.O.C. pour le vignoble alsacien :

◆ **A.O.C. régionales :** ALSACE ou VIN d'ALSACE : A.O.C. réservée aux vins produits sur l'ensemble du vignoble qui remplissent les conditions de sol, de cépages, de rendement. etc.

CRÉMANT d'ALSACE (depuis 1976) : vin effervescent obtenu par la « méthode traditionnelle » de seconde fermentation en bouteilles, comme pour un Champagne. Ces vins sont issus de tous les cépages Pinots (blanc, gris, noir) ainsi que du Riesling et dans une moindre mesure du Chardonnay.

ALSACE GRAND CRU (depuis 1975) : essentiellement à base des cépages Riesling, Muscat, Gewurztraminer, Pinot gris, et éventuellement Sylvaner. Cette A.O.C. est réservée à 51 lieux-dits strictement délimités. Parmi lesquels on peut citer : le Rangen à Thann, le Brand à Turckeim, le Kastelberg à Andlau, le Schlossberg à Kaysersberg et Kientzheim.

Les Vendanges Tardives (V.T.) et les Sélections de Grains Nobles (S.G.N.)

Ces deux mentions prestigieuses peuvent compléter les A.O.C. Alsace et Alsace Grand Cru. Seules les grandes années permettent d'élaborer ces vins issus de raisins surmaturés. Les S.G.N. sont obtenus par tris successifs, comme pour les grands Sauternes.

Caractères et conservation des vins d'Alsace

Pour les caractères des vins, voir la partie cépages.

La plupart des vins d'Alsace se boivent jeunes (Sylvaner, Pinot blanc, Edelzwicker, ...) mais les vins issus de grands crus demandent généralement quelques années pour s'épanouir pleinement. Quant aux vins issus de vendanges tardives (V.T.) et des sélections de grains nobles (S.G.N.), ils ont une excellente aptitude à la conservation.

RESTAURATEURS ET VINS D'ALSACE (service et accords)

Température idéale de dégustation : Alsace : de 8 à 10 °C - Grands crus : 9 à 11°C - Crémant : 5 à 7 °C. - Pinot noir jeune 12 °C environ, 14/15 °C pour les plus grands, après quelques années.

Dans les winstubs, les vins d'Alsace sont généralement servis dans le verre traditionnel (pied vert), en restauration classique, il serait souhaitable d'utiliser d'autres verres (type Alsace, création le Crocodile à Strasbourg) surtout pour les grands crus, les V.T. et les S.G.N. *(voir photo en bas à droite)*

A.O.C. Alsace

A.O.C. Crémant d'Alsace

A.O.C. Grand cru

PHOTO : BRUNET

Étiquette V.T.

SOURCE : CIVA COLMAR - PHOTO : MOYA

Sylvaner et entrée froide, verre « ALSACE »

Crémant à l'apéritif

SOURCE : CIVA COLMAR - PHOTO : MOYA

Foie gras en brioche Pinot Gris

SOURCE : CIVA COLMAR - PHOTO : MOYA

Munster et Gewurztraminer

PHOTO : BRUNET

Quelques accords vins et mets

Apéritif, mets ou préparations	*Vins conseillés*
Apéritif	Crémant, Muscat, …
Entrées froides, fruits de mer	Sylvaner, Pinot blanc, Edelzwicker, …
Poissons meunière ou grillés	Riesling, Sylvaner, Auxerrois, …
Poissons en sauce avec crème	Pinot blanc, Riesling grand cru à maturité, …
Viandes blanches	Pinot gris, Pinot noir léger, …
Viandes rouges grillées ou rôties	Pinot noir (rouge d'Ottrott), …
Viandes rouges en sauce/gibiers	Pinot noir corsé, mais aussi Pinot gris grand cru sur certains gibiers.
Fromages	Pinot noir, Gewurztraminer sur pâtes molles croûtes lavées et les bleus, …
Desserts	Gewurztraminer classique ou V.T., Crémant pas trop sec, …

Spécialités régionales :

Foie gras : Gewurztraminer, mais surtout Pinot gris vendanges tardives. **Flammeküeche** (tarte flambée). **Tarte à l'oignon :** Sylvaner, Pinot blanc. **Choucroute :** Riesling, Pinot blanc, Sylvaner. **Munster** et Gewurztraminer : « un mariage d'amour ». Essayez voir, une fois…

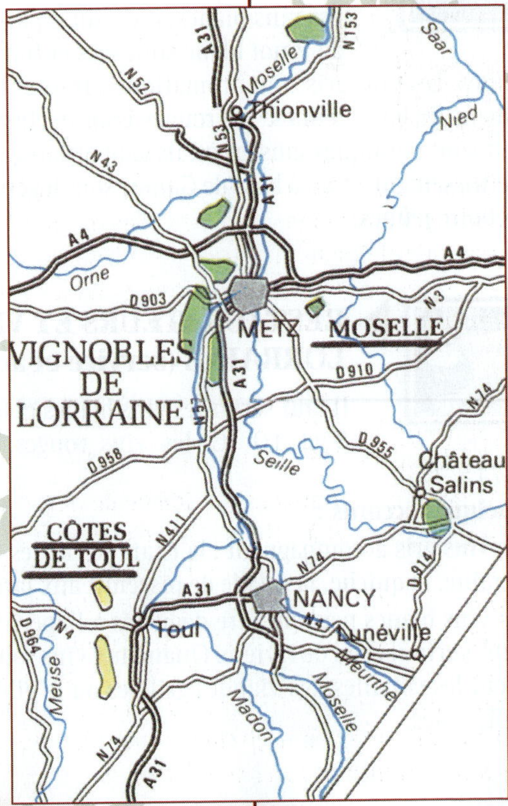

SOURCE : SOPEXA

La Lorraine

Bref historique

Le vignoble lorrain est très ancien. Il y a une centaine d'années, il occupait des superficies importantes. Depuis cette époque, il a subi de nombreuses vicissitudes (phylloxéra, deux guerres mondiales, etc.) mais grâce à quelques viticulteurs il subsiste toujours.

Situation géographique, sols, climat et importance du vignoble

Le vignoble occupe quelques communes à l'ouest de Toul en Meurthe-et-Moselle et une vingtaine sur les coteaux de la Moselle, essentiellement au nord-est de Thionville. Le sol est surtout composé de couches sédimentaires, à dominance argilo-calcaire dans le Toulois, argilo-siliceux sur les coteaux de la Moselle. Le climat est semi-continental. Le vignoble s'étend sur moins de 1 500 ha, soit 10 fois moins que le vignoble alsacien dont il est proche.

Côtes de Toul A.O.C.

Principaux cépages

◆ *Blancs :* ***Auxerrois, Pinot blanc...***

◆ *Rouges :* **Gamay** (base du vin gris), ***Pinot noir.***

Classification(s)

Il n'existe pas de classification officielle pour les vins de Lorraine.

Moselle : A.O.V.D.Q.S.

Appellations d'Origine Contrôlée

Il existe deux appellations d'origine pour cette région :

Côtes de Toul : A.O.C. surtout connue pour ses vins gris issus essentiellement de Gamay.

Moselle : A.O.V.D.Q.S. avec quelques vins rouges, mais surtout des vins blancs secs et fruités.

La Lorraine produit également une excellente ***eau-de-vie de mirabelle.*** Cette dernière bénéficie de l'appellation réglementée.

Caractères et conservation des vins de Lorraine

Les vins blancs, issus du cépage Auxerrois et/ou de Pinot blanc sont secs et frais, il faut les boire jeunes. Les vins gris sont aromatiques, frais et légers, il faut également les boire jeunes. Les rouges issus exclusivement de Pinot noir sont tanniques sans excès, ils supportent quelques années de vieillissement ; ceux à base de Gamay sont légers et fruités, il faut les boire jeunes.

SOURCE : LAROPPE

Les Côtes de Toul sont surtout connues pour leur vin gris, mais elles produisent également des vins rouges et des vins blancs.

RESTAURATEURS ET VINS DE LORRAINE (service et accords)

Il faut servir les vins blancs et les vins gris entre 8 et 10 °C, les vins rouges légèrement frais 14/15 °C.

Quelques accords :

Les vins gris accompagnent : la charcuterie, les terrines, la potée lorraine, la quiche, la salade de pissenlit aux lardons.

Les vins blancs peuvent être dégustés à l'apéritif et sur les poissons, surtout ceux de rivière. Quant aux vins rouges, ils accompagnent les volailles, les viandes grillées ou le gibier dans les bons millésimes.

Le Jura

Bref historique

Déjà mentionnés par Pline l'Ancien, les vins du Jura furent appréciés par François Ier et Henri IV. Plus près de nous, c'est à partir d'une vigne familiale située à Arbois que Pasteur le « père de l'œnologie moderne » a effectué ses travaux sur la fermentation alcoolique.

(voir chapitre sur la fermentation alcoolique)

Situation géographique, sols, climat et importance du vignoble

Le vignoble, situé dans le département du Jura, s'étend à flanc de coteaux sur le rebord ouest du Revermont sur une bande de 80 km de long et 6 km de large, de Port-Lesné à Saint-Amour.

Les sols sont à dominance calcaire, associés à des graviers à Arbois, à des marnes à l'Etoile. Les vins jaunes A.O.C. Château-Chalon sont produits sur des sols riches en marnes bleues du Trias.

Le climat est semi-continental avec des variations climatiques brutales. Les hivers sont très froids, les printemps souvent pluvieux. En revanche, les étés se prolongent par une belle arrière-saison, propice à la vigne. D'une superficie relativement restreinte (1 850 ha), le vignoble jurassien s'étendait sur 20 000 hectares à la fin du XIXe siècle, avant l'invasion du phylloxéra.

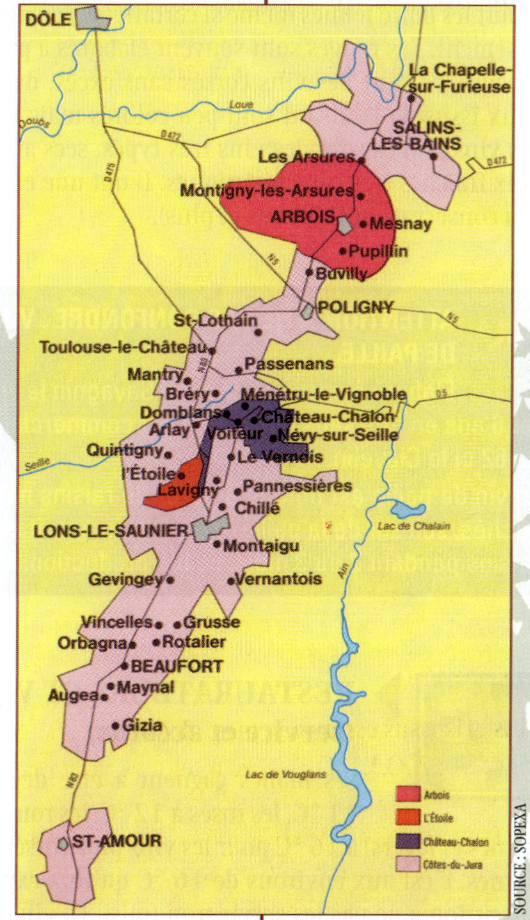

SOURCE : SOPEXA

Principaux cépages

◆ *Blancs* : ***Chardonnay*** et ***Savagnin,*** c'est à partir de ce dernier que sont élaborés les célèbres vins jaunes.

◆ *Rouges* : ***Pinot noir*** et 2 cépages locaux : ***Trousseau*** et ***Poulsard.***

Poulsard — Chardonnay — Savagnin

SOURCE : HENRI MAIRE

Classification(s)

Il n'existe pas de classification officielle pour les vins du Jura.

Appellations d'Origine Contrôlée

◆ **Appellations régionales :** Côtes du Jura vins : blancs, rouges, rosés, ***jaunes et vin de paille.*** Crémant du Jura : A.O.C. réservée aux vins mousseux (méthode traditionnelle).

◆ **Autres A.O.C. :** L'Etoile*, Arbois* (peut être complété par « Pupillin »). Château-Chalon : ne produit que du vin jaune. Macvin du Jura : vin de liqueur d'A.O.C. (moût muté avec de l'eau de vie locale). **Ces deux A.O.C. produisent également du vin jaune et du vin de paille.*

Côtes du Jura, AOC régionale.

L'AOC Château-Chalon ne produit que du vin jaune.

Ces 4 AOC peuvent produire du vin jaune, Château-Chalon ne produit que du vin jaune.

Caractères et conservation des vins du Jura

Les vins blancs sont fins et puissants, certains peuvent surprendre lors d'une première approche en raison d'un bouquet particulier propre au terroir jurassien.

Il faut les boire jeunes même si certains supportent un léger vieillissement. Les rouges sont souvent élaborés à partir de plusieurs cépages, ce sont des vins corsés sans excès, de garde moyenne. Ceux issus de Poulsard sont peu colorés mais très aromatiques. Les vins jaunes sont des vins très typés, secs avec des arômes de noix fraîches très caractéristiques. Il ont une excellente aptitude à la conservation (100 ans et plus).

SOURCE : CDT DU JURA - PHOTO : CH. MICHEL

Vin jaune en cours d'élaboration

ATTENTION À NE PAS CONFONDRE : VIN JAUNE ET VIN DE PAILLE.

Élaboré à partir du cépage Savagnin le vin jaune doit rester 6 ans en fûts sans ouillage. Il est commercialisé en bouteilles de 62 cl le Clavelin.

Le vin de paille est obtenu à partir de raisins naturellement desséchés, soit sur de la paille, d'où son nom, soit en suspendant les raisins pendant 2 ou 3 mois. Faible production.

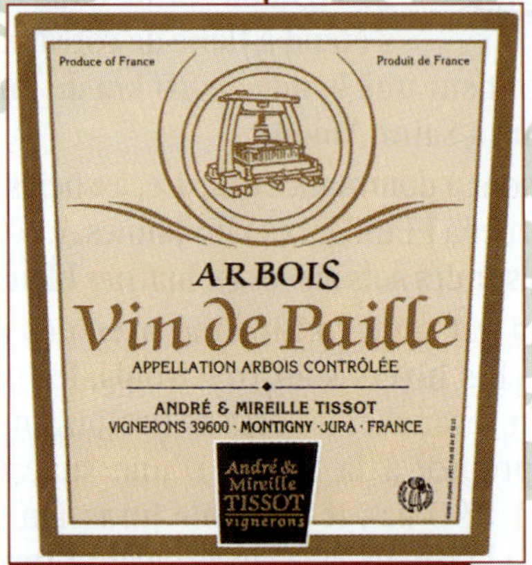

À ne pas confondre avec le vin jaune

RESTAURATEURS ET VINS DU JURA (service et accords)

Les blancs gagnent à être dégustés entre 9 et 11 °C, les rosés à 12 °C, les rouges de 12 °C (vins jeunes et légers) à 16 °C pour les vins plus corsés. Quant aux vins jaunes, c'est aux environs de 16 °C qu'ils s'expriment le mieux (attention à ne pas les servir trop frais). Le vin de paille, doux et très riche se sert de 7 à 9 °C, le Macvin légèrement plus frais.

Quelques accords vins et mets

Apéritif, mets ou préparations	*Vins conseillés*
Apéritif	Macvin, Crémant du Jura, …
Entrées froides, fruits de mer	Côtes du Jura blanc, Arbois rosé (Macvin avec le melon), …
Poissons meunière ou grillés	Côtes du Jura blanc, Arbois blanc, …
Poissons en sauce avec crème	L'Étoile (Chardonnay), Côtes du Jura blanc, …
Viandes blanches	Vin blanc issu de Savagnin, vin rouge issu de Poulsard, …
Viandes rouges grillées ou rôties	Vins rouges issus de Pinot noir, de Trousseau (Côtes du Jura, Arbois)
Viandes rouges en sauce/gibiers	Vins rouges issus de Pinot noir.
Fromages	Arbois rouge ou rosé, mais surtout un vin jaune avec le Comté.
Desserts	Macvin, vin de paille, vin jaune sur les desserts aux noix.

Spécialités régionales : Coq au vin jaune et aux morilles : un vin jaune, bien évidemment.
Jésus de Morteau : Côtes du Jura ou Arbois blancs.
Comté : Château-Chalon.

SOURCE : HENRI MAIRE

Vin de paille, glace à la vanille, et pommes sautées.

SOURCE : HENRI MAIRE

Vin jaune au coq aux morilles

La Savoie et le Bugey

Bref historique

Les vins d'Allobrogie (nom donné à l'époque gauloise à la région située entre le Rhône et les Alpes) étaient déjà recherchés dans la Rome Antique. Devenue française au moment de la Révolution, la Savoie n'a été définitivement rattachée à la France qu'en 1860. La vigne existait à ce moment-là, mais ce n'est vraiment qu'avec le développement du tourisme, en particulier les sports d'hiver, que le vignoble savoyard s'est fait connaître.

Situation géographique, sols, climat et importance du vignoble

Le vignoble savoyard est très dispersé. Il occupe des coteaux bien exposés sur quatre départements : Savoie, Haute-Savoie, Isère et Ain, essentiellement entre le Lac Leman et Grenoble.

Les sols sont très variés allant des éboulis calcaires au granit.

Le climat est un climat continental avec des hivers très rigoureux. Mais la vigne occupe généralement des sites bien abrités.

Même s'il s'étend sur quatre départements, le vignoble savoyard n'est pas très étendu (2 000 hectares environ).

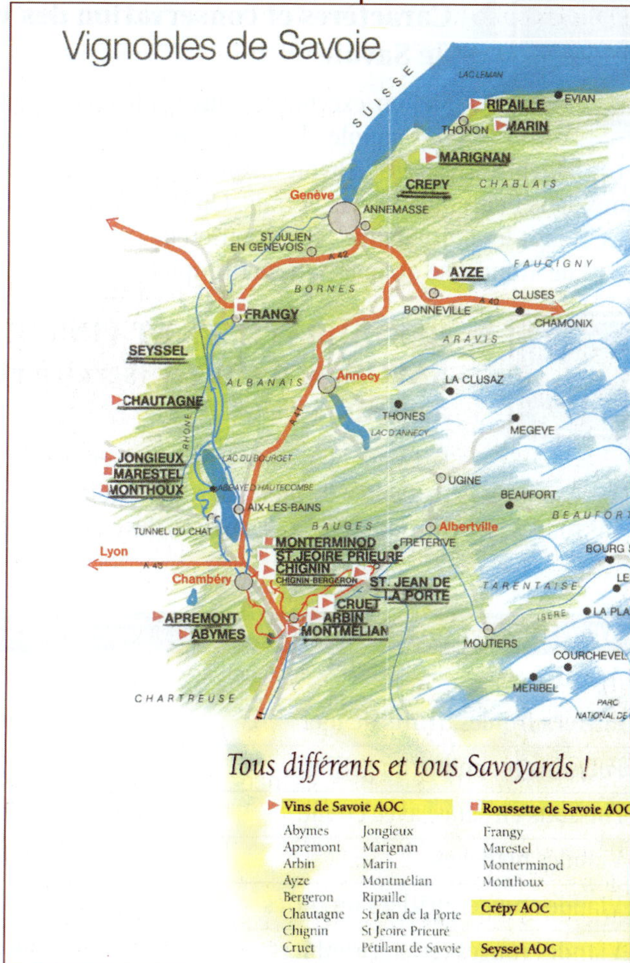

SOURCE : MONTAGE RÉALISÉ À PARTIR DE DOCUMENTS DU COMITÉ INTERPROFESSIONNEL DES VINS DE SAVOIE, CHAMBÉRY.

Principaux cépages

◆ *Blancs :* ***Chasselas*** *(près du Leman),* ***Chardonnay, Aligoté, Jacquère, Altesse*** *ou* ***Roussette, Molette, Gringet, etc.***

◆ *Rouges :* ***Pinot noir, Gamay, Mondeuse.***

N.B : Jacquère, Altesse ou *Roussette* et *Mondeuse* peuvent être considérés comme les trois cépages savoyards par excellence.

Classification(s)

Il n'existe pas de classification officielle pour les vins de Savoie.

Appellations d'Origine Contrôlée

◆ A.O.C. régionales :

Vin de Savoie : cette A.O.C. peut être accompagnée du nom d'un cru : Abymes, Apremont, Ayze, Chautagne, Chignin-Bergeron, Marignan, Marin, Montmélian, Ripaille, …

Roussette de Savoie : pour cette A.O.C., les vins doivent être issus du cépage Roussette (ou Altesse). L'appellation peut être complétée par : Frangy, Marestel, Monterminod, Monthoux.

◆ Autres A.O.C. : Seyssel, Seyssel Mousseux et Crépy, cette dernière, dont les vins sont issus de Chasselas, est produite près du lac Leman.

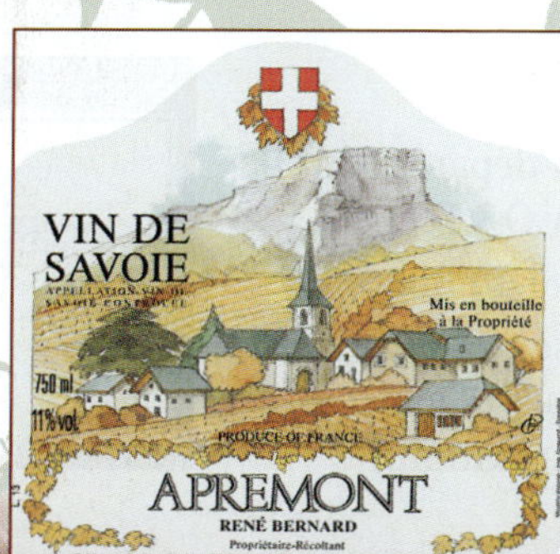

A.O.C. Roussette de Savoie

Caractères et conservation des vins de Savoie

Si l'on excepte le Chignin-Bergeron (sec, mais très souple), les vins blancs de Savoie sont secs et frais, voire très secs (Abymes, Apremont...). Les vins rouges sont dans l'ensemble légers et frais. Qu'ils soient blancs ou rouges, il faut les boire jeunes, à l'exception de certains vins rouges issus de Mondeuse qui peuvent vieillir quelques années.

SOURCE : CIVS

La Savoie est très connue pour ses vins blancs, mais elle produit aussi des vins rouges, rosés et effervescents.

RESTAURATEURS ET VINS DE SAVOIE et du Bugey (service et accords)

Les vins blancs de Savoie se servent entre 8 et 10 °C, un ou deux degrés de plus pour le Chignin-Bergeron. Les vins rouges issus de Gamay à 12 °C environ, les autres à 14/15 °C.

Quelques accords vins et mets

Apéritif, mets ou préparations	*Vins conseillés*
Apéritif	Seyssel mousseux, Bugey Cerdon, ...
Entrées froides, fruits de mer	Vins de Savoie Abymes, Apremont, ...
Poissons meunière ou grillés	Crépy, Roussette de Savoie, ...
Poissons en sauce avec crème	Chignin-Bergeron, Seyssel, ...
Viandes blanches	Vin de Savoie ou du Bugey issus de Gamay, ...
Viandes rouges grillées ou rôties	Vins issus de Pinot noir ou de Mondeuse
Viandes rouges en sauce/gibiers	Vins issus de Pinot noir ou de Mondeuse élevés en barriques, ...
Fromages	(voir spécialités)
Desserts	Seyssel mousseux, Roussette de Savoie, Cerdon rosé (Bugey), ...

Spécialités régionales : Lavaret et omble chevalier : Roussette de Savoie Marestel ou Monthoux, Crépy. **Fondue et raclette :** vins de Savoie Abymes ou Apremont. **Reblochon :** Savoie Chignin-Bergeron. **Tomme de Savoie :** Mondeuse.

PHOTO : BRUNET

Omble chevalier : Roussette de Savoie, Crépy...

SOURCE : CIVS

Accords vins de Savoie et spécialités régionales

LES VINS DU BUGEY

Le vignoble du Bugey est situé dans le sud du département de l'Ain. Il produit des vins intéressants sous les A.O.V.D.Q.S. : Bugey, Bugey mousseux ou pétillant et Roussette du Bugey.

Une production originale : **Bugey Cerdon** rosé, réservée à des vins pétillants ou mousseux avec une faible teneur en alcool, ce qui constitue un avantage incontestable en restauration.

8.5 - Vallée du Rhône

Avant de parler des vins de cette région une précision s'impose : il ne faut pas confondre « Côtes du Rhône » et « Vins de la Vallée du Rhône ». En effet, des A.O.C. telles que : Coteaux du Tricastin, Côtes du Ventoux, Côtes du Vivarais, etc. sont des vins de la Vallée du Rhône mais ne sont pas des Côtes du Rhône.

Bref historique

La vigne est présente depuis plus de 2000 ans dans la région de Vienne. Il existait un vignoble important dans cette région lorsque, chassés par les Barbares, les Romains abandonnèrent leurs possessions. Le vignoble périclita. Il fallut attendre les XIIIe et XIVe siècles pour que, sous l'influence de la Papauté, les vignobles de la Vallée du Rhône retrouvent un certain lustre. De nos jours, cette région est une des plus importantes du vignoble français sur le plan quantitatif, mais également qualitatif.

Situation géographique, sols, climat et importance du vignoble

Les vignobles de la Vallée du Rhône s'étendent sur les deux rives du fleuve, de Vienne (au sud de Lyon) jusqu'au sud d'Avignon. Ils sont présents sur 6 départements : Rhône, Loire, Drôme, Ardèche, Gard et Vaucluse.

Il faut savoir qu'il existe des différences fondamentales au niveau du climat, du sol et des cépages entre les Côtes du Rhône septentrionales et les Côtes du Rhône méridionales.

Dans la région septentrionale, entre Vienne et Valence, la vigne est essentiellement localisée sur la rive droite du fleuve, seuls les vignobles de l'Hermitage et de Crozes-Hermitage sont situés sur la rive gauche. Cette partie septentrionale est caractérisée par un sol granitique et un climat continental modéré. La vigne occupe des coteaux souvent très escarpés. Au sud de Valence, la vigne disparaît pendant une soixantaine de kilomètres. À partir de Donzère, commence la partie méridionale, la vigne est présente sur les deux rives du fleuve, elle s'étale largement sur des sols d'origine calcaire recouverts d'alluvions. Le climat sec et chaud est de type méditerranéen.

Avec près de 80 000 hectares (plus de 3 fois le vignoble bourguignon) et une production de l'ordre 3 millions d'hectolitres, les vignobles de la Vallée du Rhône figurent parmi les principaux vignobles du monde.

Principaux cépages

Plus de vingt cépages sont admis pour les A.O.C. des Côtes du Rhône !

En Vallée du Rhône, les cépages les plus présents sont :

◆ *Rouges : **Syrah**,* cépage des grands vins rouges de la zone septentrionale (Côte-Rôtie, Cornas, Hermitage,...) ; ***Grenache***

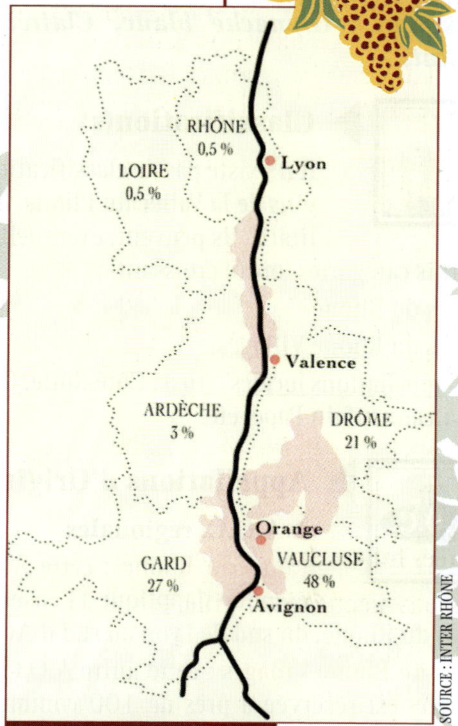

Répartition par département

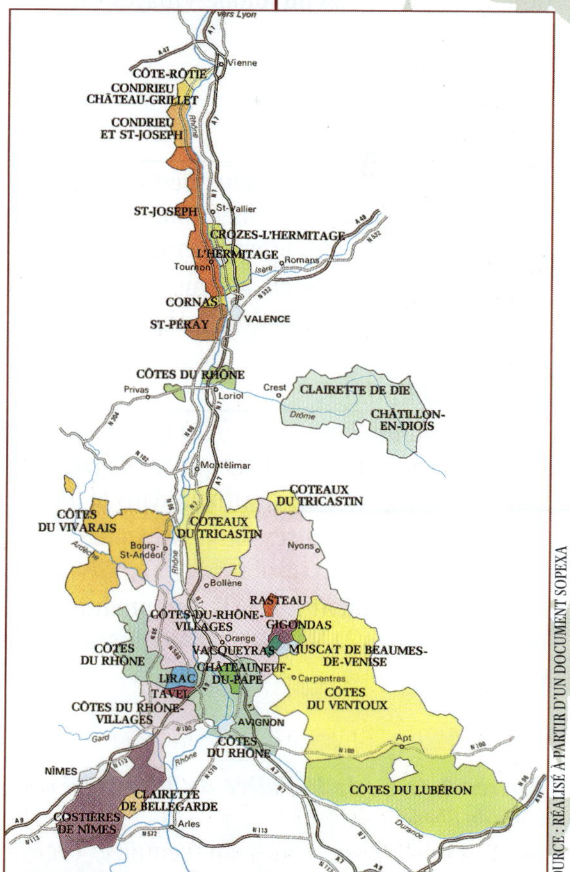

Vignobles de la Vallée du Rhône

qui constitue la base de l'encépagement de la zone méridionale où il est associé aux ***Mourvèdre, Cinsault, Carignan,...***

◆ *Blancs :* ***Viognier*** pour les A.O.C. Condrieu et Château-Grillet ; ***Roussanne*** et ***Marsanne*** pour les autres appellations de la zone septentrionale. Dans la zone méridionale, les cépages les plus présents sont : ***Grenache blanc, Clairette, Bourboulenc, Muscat,...***

Cépage Viognier

Cépage Syrah

Classification(s)

Il n'existe pas de classification officielle pour les vins de la Vallée du Rhône, mais sur le plan qualitatif, ils peuvent, éventuellement, être répartis en trois catégories (ordre croissant) :

- Côtes du Rhône
- Côtes du Rhône Villages
- Les appellations locales (crus) : Côte-Rôtie, Condrieu, Hermitage, Châteauneuf-du-Pape, etc.

Appellations d'Origine Contrôlée

◆ A.O.C. régionales

Côtes du Rhône : cette A.O.C. régionale, très étendue s'applique à l'ensemble du vignoble des Côtes du Rhône, du sud de Lyon au sud d'Avignon.

Côtes du Rhône Villages : cette autre A.O.C. régionale, plus restrictive, est réservée à près de 100 communes. Une vingtaine d'entre elles peuvent faire figurer leur nom à la suite de l'appellation. Exemple : Côtes du Rhône-Villages Valréas, Côtes du Rhône-Villages Laudun, etc.

A.O.C. Côtes du Rhône Villages

◆ Autres A.O.C.

Zone septentrionale :

Château-Grillet : une des plus petites A.O.C. françaises (3 ha). Condrieu : vin issu de Viognier, comme le précédent. Saint-Péray : vins tranquilles et vins effervescents.

Côte-Rôtie : un des plus anciens vignobles de France, Cornas, Saint-Joseph, Hermitage, Crozes-Hermitage.

Zone méridionale :

Châteauneuf-du-Pape : cette A.O.C. caractérisée par la nature de son sol (gros galets qui emmagasinent la chaleur durant le jour et la restituent dans la nuit).

Tavel : que des vins rosés. Lirac, Gigondas, Vacqueyras, Beaumes-de-Venise, Vinsobres.

A signaler également 2 A.O.C. qui produisent des Vins Doux Naturels (V.D.N.) : Rasteau et Muscat de Beaumes-de-Venise.

Sol caractéristique de Châteauneuf-du-Pape

Le Châteauneuf-du-Pape existe en rouge et en blanc.

Autres A.O.C. de la Vallée du Rhône *(ne peuvent pas se replier en Côtes du Rhône)*

Costières-de-Nîmes, Côtes du Ventoux, Coteaux du Tricastin, Côtes du Vivarais, Clairette de Die « brut », Clairette de Die « tradition », Crémant de Die, Coteaux de Die, Châtillon en Diois, Côtes du Lubéron.

Que des rosés sur cette A.O.C. !

Caractères et conservation des vins de la Vallée du Rhône

Les vins blancs sont des vins secs. Il sont fins et racés à Château-Grillet et Condrieu, aromatiques à Saint-Joseph et Crozes-Hermitage, fruités et corsés à l'Hermitage, puissants à Châteauneuf-du-Pape. Ces deux derniers ont une assez bonne aptitude à la conservation, les autres gagnent à être bus jeunes, surtout sur les A.O.C. Côtes du Rhône, Côtes du Rhône Villages, Saint-Joseph et Crozes-Hermitage.

Les vins rouges, commercialisés sous l'A.O.C. Côtes du Rhône et Côtes du Rhône Villages sont à boire jeunes, même si certains « villages » ont une assez bonne aptitude à la conservation. Les vins de la région septentrionale, issus de Syrah, sont corsés, colorés et très aromatiques. Côte Rôtie, Hermitage et à un degré moindre Cornas ont une excellente aptitude au vieillissement. Saint-Joseph se boit entre 3 et 5 ans, Crozes-Hermitage entre 3 et 8 ans.

Dans la région méridionale, les vins rouges sont ronds, suaves et persistants. La plupart des vins de Châteauneuf-du-Pape et de Gigondas sont des vins de garde, 10/12 ans, voire plus.

RESTAURATEURS ET VINS DE LA VALLÉE DU RHÔNE (service et accords)

Il faut servir les vins blancs jeunes et secs de 8 à 10 °C, les blancs plus suaves (Condrieu, Châteauneuf-du-Pape…) et les rosés de 10 à 12 °C ; les vins effervescents de 6 à 8 °C.

Les rouges jeunes se servent de 13 à 15 °C, les grands rouges (qui ont vieillit en cave) de 13 à 18 °C selon l'âge et l'appellation, mais jamais trop chambrés, en raison de leur puissance. Les V.D.N. blancs se servent à 8/10 °C, les V.D.N. rouges à 10/12 °C.

SOURCE : VIGNERONS DE BEAUMES DE VENISE - PHOTO : STUDIO MICHEL MARTIN - RESTAURANT MAS DE BOUVAU, VIOLES

Beaumes de Venise rouge et filets de rougets-barbet.

Quelques Accords vins et mets

Apéritif, mets ou préparations	*Vins conseillés*
Apéritif	Saint-Péray mousseux, Crémant de Die, …
Entrées froides, fruits de mer	Côtes du Rhône blanc, Coteaux du Tricastin blanc, Costières de Nîmes, …
Poissons meunière ou grillés	Saint-Joseph blanc, Crozes-Hermitage blanc, Tavel, …
Poissons en sauce avec crème	Condrieu, Hermitage Blanc, Châteauneuf-du-Pape blanc, …
Viandes blanches	Vins blancs : Condrieu, Hermitage, … ou rouge léger : Ventoux, Tricastin, …
Viandes rouges grillées ou rôties	Côtes-du-Rhône Villages, Gigondas, Côtes du Ventoux, …
Viandes rouges en sauce/gibiers	Côte Rôtie, Hermitage rouge, Châteauneuf-du-Pape, …
Fromages	La plupart des vins rouges, mais aussi des blancs sur les fromages de chèvre.
Desserts	Muscat de Beaumes-de-Venise, Rasteau (chocolat), Clairette de Die tradition, …

Spécialités régionales : *Melon de Cavaillon :* Rasteau V.D.N., **Volaille de la Drôme** (I.G.P.) Crozes-Hermitage rouge. **Ravioles de Romans :** Saint-Peray blanc, **Saucisson d'Arles :** Lirac rouge ou Tavel.

8.6 - Sud-Est et Méditerranée

La Provence

Dans l'esprit des consommateurs, la Provence se limite trop souvent à la production de vins rosés. Certes, ils représentent une part importante des vins de Provence, mais cette région produit également, sous différentes A.O.C., des vins rouges de grande qualité et des vins blancs dignes d'intérêt.

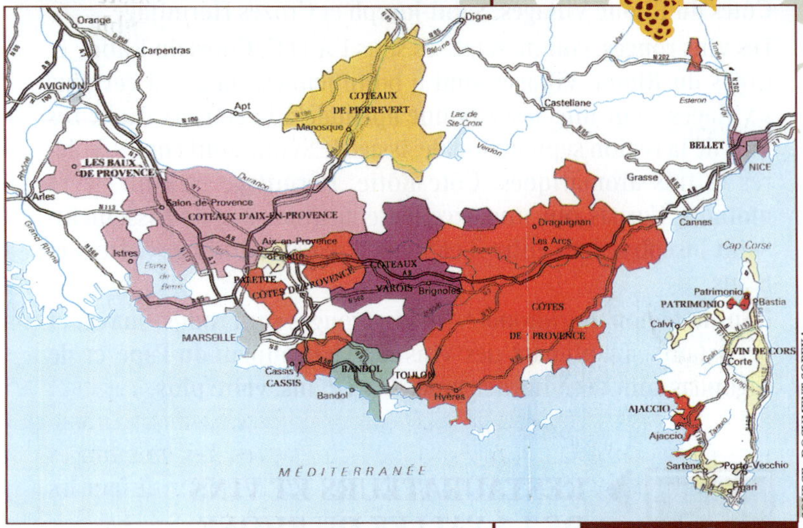

Vignobles de Provence

Bref historique

Ce sont les Grecs qui ont planté les premiers ceps de vigne en Provence, 600 ans avant Jésus-Christ. Par la suite, ce sont les Romains qui ont introduit de nouveaux cépages et amélioré les vinifications. À partir du Ve siècle, les puissantes abbayes de la région ont contribué au maintien et à l'extension des vignobles. À partir du XIVe siècle, ce sont les grandes familles nobles de la région qui ont acquis de nombreux domaines. À la fin du XIXe siècle, la Provence n'a pas échappé au phylloxéra. De nos jours, cette région nous offre toute une gamme d'appellations, dont la plus importante en volume est l'A.O.C. Côtes de Provence.

Situation géographique, sols, climat et importance du vignoble

Le vignoble provençal s'étend sur quatres départements : Bouches-du-Rhône, Var, Alpes-Maritimes et Alpes-de-Haute-Provence. Il est présent dans la zone côtière mais aussi dans l'arrière-pays. Les sols sont généralement pauvres et bien drainés, avec deux grands ensembles géologiques : l'un cristallin et l'autre calcaire. Le climat est de type méditerranéen, ensoleillé, chaud et sec, influencé par le Mistral, un vent violent mais très bénéfique à la viticulture.

Certaines A.O.C. ont des superficies et des productions importantes, voire très importantes (Côtes de Provence 20 000 hectares, Coteaux d'Aix-en-Provence : 4 000 hectares). En revanche, d'autres A.O.C. ont une superficie très faible, c'est le cas de Palette et de Bellet.

Principaux cépages

◆ *Rouges :* ***Mourvèdre*** (très présent à Bandol), ***Tibouren*** (typiquement provençal), ***Grenache, Syrah, Cinsault, Carignan, Cabernet-sauvignon*** (peu)...

◆ *Blancs :* ***Clairette, Rolle, Ugni blanc, Sémillon...***

SOURCE : CIVCP - PHOTO : MILLO

Cépage Grenache, très présent dans tout le Sud-Est.

SOURCE : CIVCP - PHOTO : MILLO

Mourvèdre, de plus en plus présent, c'est le cépage principal de l'A.O.C. Bandol.

SOURCE : CIVCP - PHOTO : MILLO

Tibouren, cépage local

SOURCE : CIVCP - PHOTO : MILLO

Rolle, cépage local

SOURCE : CIVCP - PHOTO MILLO

Ugni blanc, le cépage le plus cultivé en France

Classification(s)

Certains domaines de l'A.O.C. Côtes de Provence peuvent être commercialisés comme « crus classés », depuis un décret de 1955. Pas de classification officielle pour les autres A.O.C..

Appellations d'Origine Contrôlée

◆ **Appelations régionales :** il n'existe pas d'A.O.C. régionale regroupant l'ensemble du vignoble provencal.

◆ **Autres A.O.C. :** Côtes de Provence : la plus importante en volume. Elle peut être complétée par : Fréjus, Montagne Sainte-Victoire, …

Bandol, Cassis, Bellet, Coteaux d'Aix-en-Provence, Les Baux-de-Provence, Palette, Coteaux Varois en Provence. Coteaux de Pierrevert.

Caractères et conservation des vins de Provence

Les vins blancs sont généralement frais, souples et aromatiques. Les rosés sont secs, fruités, très souvent élégants. Blancs et rosés sont à boire jeunes. Les vins rouges sont multiples, certains sont friands, souples et fruités. Il faut les boire jeunes, sur le fruit. D'autres particulièrement ceux de Bandol, Bellet, Cassis, Coteaux d'Aix, sont plus tanniques, plus corsés et ont une bonne aptitude au vieillissement.

A.O.C. Côtes de Provence

AOC très étendue: 20 000 ha produit surtout des vins rosés (75%) mais aussi des vins rouges et un peu de vins blancs.

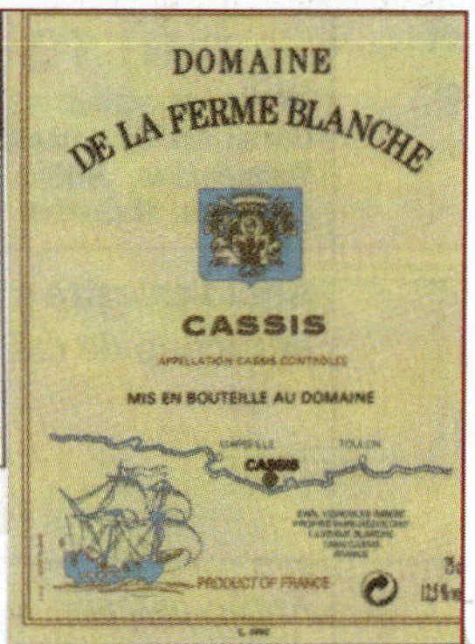

A.O.C. Cassis

A.O.C. Palette

A.O.C. Bandol

RESTAURATEURS ET VINS DE PROVENCE (service et accords)

Les vins rosés et les vins blancs se servent entre 8 et 10 °C (trop souvent, les rosés sont servis trop frais). Les rouges légers et souples à 14/15 °C, les rouges de garde entre 16 et 18 °C.

Quelques accords vins et mets

Apéritif, mets ou préparations	*Vins conseillés*
Apéritif	Côtes de Provence blanc, Cassis blanc, …
Entrées froides, fruits de mer	Côtes de Provence blanc ou rosé, …Vin cuit avec le melon(1)
Poissons meunière ou grillés	Coteaux Varois blanc, Cassis blanc, …
Poissons en sauce avec crème	Vins blancs des A.O.C. : Bellet, Pallette, Bandol, …
Viandes blanches	Coteaux de Pierrevert rouge, Bandol blanc ou rosé, …
Viandes rouges grillées ou rôties	Côtes de Provence rouge, Palette rouge, …
Viandes rouges en sauce/gibiers	Les Baux-de-Provence, Bandol rouge, …
Fromages	Rouges et rosés en réservant les plus corsés (Bandol, Baux-de-Provence…) pour les fromages forts en goût. Cassis blanc (chèvre), …
Desserts	Peu de vins de dessert dans cette région, éventuellement un vin cuit(1)

Spécialités régionales : *pissaladière* (Nice) : Bellet rosé, ***bouillabaisse :*** Côtes de Provence ou Coteaux Varois blanc ou rosé. ***Daube provençale, lapin aux olives :*** Bandol rouge, Baux-de-Provence. ***Pieds paquets :*** Cassis blanc.

(1) Le « vin cuit » est une spécialité provençale qu'il ne faut pas confondre avec un V.D.N.

SOURCE : CIVCP - PHOTO : AZEMA

Vin de Provence et bouillabaisse

SOURCE : CIVCP - PHOTO : AZEMA

Vin de Provence et tapenade

La Corse

Trop souvent oublié sur les cartes de vins, le vignoble corse offre toute une gamme de vins : blancs, rouges, rosés et Vins Doux Naturels.

Bref historique

Ce sont les Phocéens qui ont implanté la vigne en Corse, 6 siècles avant Jésus-Christ. Tout au long de son histoire, le vignoble corse a connu une alternance de périodes fastes (influence de Gênes, époque napoléonienne) et de périodes sombres (phylloxéra, abandon de nombreux vignobles en raison de l'exode vers le continent…). Après le phylloxéra, il a fallu attendre le début des années 1960 et le retour des rapatriés d'Afrique du Nord pour assister à la renaissance de la viticulture corse. De nos jours, sous l'impulsion de vignerons conciliant tradition et modernité, le vignoble corse est redevenu prospère.

Situation géographique, sols, climat et importance du vignoble

La vigne est présente dans les 2 départements corses. Elle est localisée essentiellement à proximité des côtes, surtout sur la côte ouest. Les sols offrent une grande diversité : schistes à l'est, granits à l'ouest, alluvions sédimentaires au centre et affleurements calcaires au nord et au sud. Les conditions climatiques sont très favorables à la viticulture. La Corse détient le record de France de l'ensoleillement, mais la chaleur de l'été est tempérée par la proximité de la mer ou par l'altitude. Après une très forte progression des surfaces plantées, au milieu du siècle dernier, un plan de restructuration qualitatif, a réduit de façon drastique les superficies. Le vignoble s'étend actuellement sur un peu plus de 7 000 hectares dont un tiers, environ, en A.O.C..

Principaux cépages

Certains vins corses sont issus de cépages locaux* (Nielluccio, Sciaccarello, Vermentino), d'autres de cépages continentaux (Chardonnay, Cabernet-Sauvignon, etc.).

Pour les vins bénéficiant d'une A.O.C., on trouve essentiellement les cépages suivants :

◆ *Blancs :* ***Vermentino**, *Chardonnay, Muscat à petits grains, Chenin, etc.***

◆ *Rouges et rosés :* ***Sciaccarello**, *Nielluccio**, *Merlot, Grenache, Syrah, etc.***

**Cépages locaux*

Classification(s)

Il n'existe pas de classification officielle pour les vins corses.

Appellations d'Origine Contrôlée

◆ **A.O.C. régionale :** Vin de Corse. Sous certaines conditions, cette appellation peut être complétée par : *Calvi*, *Sartène*, *Figari*, *Porto-Vecchio*, *Coteaux du Cap Corse*.

** L'A.O.C. Vin de Corse **peut être suivie d'une appellation locale.** (voir A.O.C.)*

***À signaler également** un vin de Pays : **Vin de pays de l'Ile de Beauté** dont la zone de production couvre la totalité du territoire viticole de l'île.*

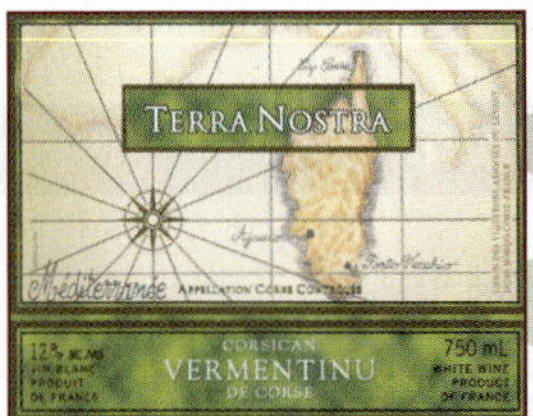

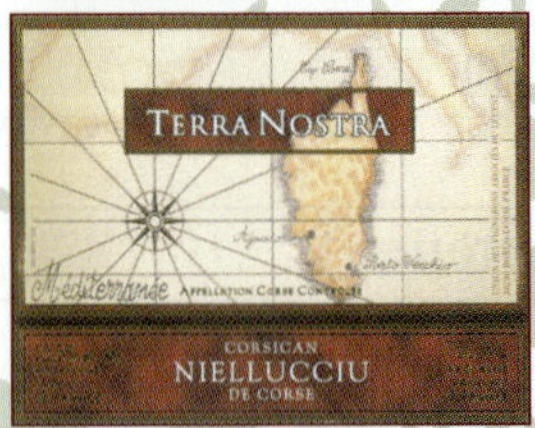

Les cépages Corses (Vermentinu, Sciaccarellu, Niellucciu) Finale U en corse, O en français.

◆ **Autres A.O.C. :** Patrimonio, Ajaccio, Muscat du Cap Corse : cette dernière A.O.C. est réservée aux muscats produits au nord de l'île. Il s'agit d'un V.D.N..

Caractères et conservation des vins de Corse

Les vins blancs et rosés sont secs et souples, ils gagnent à être bus jeunes. Les rouges, corsés sans excès, ont une assez bonne aptitude au vieillissement surtout ceux des A.O.C. Patrimonio et Ajaccio.

RESTAURATEURS ET VINS DE CORSE (service et accords)

Les vins rosés et les vins blancs se servent entre 8 et 10 °C (trop souvent, les rosés sont servis trop frais). Les rouges légers et souples à 14/15 °C, ceux des A.O.C. Patrimonio et Ajaccio entre 15 et 17 °C en fonction de leur structure et de leur vieillissement.

Quelques accords vins et mets

Apéritif, mets ou préparations	*Vins conseillés*
Apéritif	Muscat du Cap Corse, Vermentino, …
Entrées froides, fruits de mer	Vin blanc ou rosé de l'A.O.C. Vin de Corse, …
Poissons meunière ou grillés	Vin blanc de Figari, Calvi, Sartène, …
Poissons en sauce avec crème	Ajaccio blanc, Vin de pays de l'Île de beauté issu de Chardonnay, …
Viandes blanches	Vin de pays de l'Île de beauté issu de Merlot, …
Viandes rouges grillées ou rôties	Vin rouge d'Ajaccio, Porto-Vecchio, Vin de pays issu de Merlot, …
Viandes rouges en sauce/gibiers	Patrimonio rouge, Vin de pays issu de Syrah, …
Fromages	Tous les vins rouges, Patrimonio et Ajaccio pour les plus puissants, …
Desserts	Muscat du Cap Corse, …

Spécialités régionales : *Aziminu* (bouillabaisse corse) : Patrimonio ou Ajaccio blanc, ***Omelette à la menthe et au Brocciu*** (fromage A.O.C.) : Ajaccio rosé… ***Prisuttu*** (jambon), ***Salamu*** (saucisson), ***Coppa*** (échine de porc), spécialités issues des porcs nourris de châtaignes et de glands : vins rouges et rosés issus des cépages locaux.

Accords poissons
- Poissons meunière ou grillés : Vins blancs de : Figari, Sartène, Calvi…
- Poissons en sauce : Vins blancs de Patrimonio, Ajaccio, vin de pays de l'Ile de Beauté issu de Chardonnay.

Accords viandes
- Viandes rôties ou grillées : Vins rouges d'Ajaccio, Porto Vecchio… Vin de pays de l'Ile de Beauté issu de Merlot
- Viandes en sauce/gibier : Patrimonio rouge, vin de pays de l'Ile de Beauté issu de Syrah

Le Languedoc et le Roussillon

C'est le vignoble le plus important de France par sa superficie. Il offre toute une gamme de vins d'excellente qualité, qu'il s'agisse des vins bénéficiant d'une A.O.C. (y compris les Vins Doux Naturels) ou des nombreux vins de pays.

SOURCE : GPG COTEAUX DU LANGUEDOC

Bref historique

Ce sont les Grecs qui, dès le VIIe siècle avant J. C., ont planté la vigne dans cette région. À la fin du XIXe siècle, pour répondre à la forte demande de vins de table provoquée par la révolution industrielle et le développement du chemin de fer, cette région s'est orientée vers une production massive de vin de table. Cette dernière a débouché sur une surproduction et une situation conflictuelle. De nos jours, les efforts entrepris notamment au niveau de l'encépagement et des rendements permettent de mettre sur le marché des vins dont la qualité n'a rien à envier à celle de régions plus prestigieuses.

Banyuls : sol de schistes

PHOTO : BRUNET

Situation géographique, sols, climat et importance du vignoble

Les vignobles du Languedoc et du Roussillon sont répartis sur les départements du Gard, de l'Hérault, de l'Aude et des Pyrénées-Orientales. Ils s'étendent du delta du Rhône jusqu'à la frontière espagnole.

Les sols sont très variés allant des terrains anciens (schistes à Faugères, Saint-Chinian, Banyuls…) aux sols sablonneux de la zone côtière.

Le climat, de type méditerranéen, est caractérisé par des hivers très doux et des étés chauds tempérés par la mer près des côtes et par l'altitude dans l'arrière-pays.

Le Languedoc et le Roussillon constituent la région vinicole la plus étendue de France. Elle produit près de 40 % de l'ensemble des vins français.

Cinsault

SOURCE : CIVCP - PHOTO : MILLO

Carignan

SOURCE : CIVDN - PHOTO : J.M. GOYHENEIX

Principaux cépages

Ils sont fort nombreux dans cette région, parmi les principaux, citons :

◆ *Rouges* : ***Grenache, Cinsault, Carignan, Mourvèdre, Syrah…*** Ces deux derniers ont vu leur surface progresser fortement ces dernières années.

◆ *Blancs* : ***Bourboulenc, Picpoul, Clairette, Grenache blanc, Muscat…***

D'autre part, *Chardonnay, Merlot et Cabernet-sauvignon* sont de plus en plus présents pour l'élaboration de vins de pays commercialisés avec indication du ou des cépages.

Quant aux VDN, ils sont issus des cépages : ***Muscat, Grenache, Maccabeo (ou Maccabeu) et Malvoisie.***

Muscat à petits grains

SOURCE : CIVDN - PHOTO : J.M. GOYHENEIX

Grenache noir

SOURCE : CIVDN - PHOTO : J.M. GOYHENEIX

Classification

Il n'existe pas de classification officielle pour les vins du Languedoc et du Rousillon, mais sur le plan qualitatif, ils peuvent, éventuellement, être

Maccabeu

SOURCE : CIVDN - PHOTO : J.M. GOYHENEIX

Malvoisie

SOURCE : CIVDN - PHOTO : J.M. GOYHENEIX

répartis en trois catégories : A.O.C. régionale « Languedoc », appellations sous-régionales (Côtes du Roussillon, Corbières, Minervois, Fitou, etc) puis les appellations communales (Minervois la Livinière, Corbières Boutenac, …).

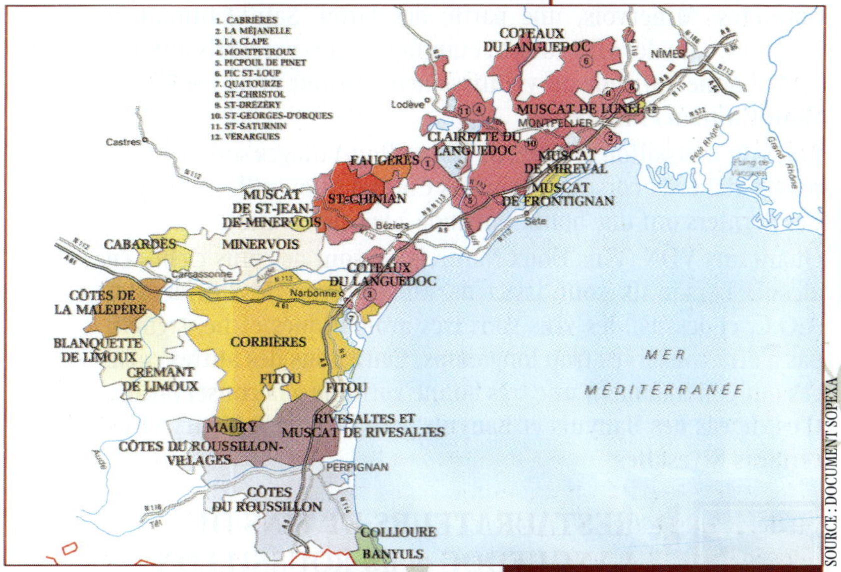

Vignobles du Langedoc-Roussillon

Appellations d'Origine Contrôlée

◆ **A.O.C. régionales :** Depuis 2007, il existe une A.O.C. régionale « Languedoc ». Elle s'étend sur 4 départements : Gard, Hérault, Aude et Pyrénées-Orientales. Elle remplacera, à terme l'A.O.C. « Coteaux du Languedoc ».

L'appellation régionale peut être complétée par une indication de provenance : Grès de Montpellier, Terrasses du Larzac, Clape et Quatourze, Picpoul de Pinet, Pic Saint-Loup, Terrasses de Béziers, Pézenas et Cabrières, Terres de Sommières, etc.

◆ **Autres A.O.C.** du Languedoc (liste non limitative) : Saint-Chinian, Faugères, Corbières, Minervois, Fitou, Cabardès, Malepère, Limoux, Blanquette de Limoux, Crémant de Limoux, Clairette du Languedoc, Clairette de Bellegrade, etc.

◆ **Autres A.O.C.** du Rousillon : Côtes du Roussillon*, Côtes du Roussillon-Villages*, Collioure, etc.

**Peuvent être complétées par des indications de provenance. Latour de France, Lesquerde, Tautavel, Caramany.*

◆ **A.O.C. réservées au V.D.N.**** : Muscat de Frontignan, Muscat de Lunel, Muscat de Mireval, Muscat de St-Jean de Minervois, Banyuls et Banyuls grand cru, Maury, Rivesaltes, Muscat de Rivesaltes.

***Pour l'élaboration des V.D.N., voir chapitre 5 page 29.*

D'autre part, le Languedoc et le Roussillon produisent de nombreux vins de pays, beaucoup sont commercialisés sous la dénomination régionale « Vin du pays d'Oc ». Il s'agit très souvent de vin de monocépage (Chardonnay, Cabernet-sauvignon, Syrah, Viognier, etc.).

Vinisud

Hors d'âge : 5 ans minimum.
Ambré : vin blanc élevé en milieu oxydatif
Tuilé : vin rouge élevé en milieu oxydatif.

Caractères et conservation des vins du Languedoc et du Roussillon

Les vins blancs sont secs, souples et aromatiques, avec un bel équilibre. En règle générale, ils sont à boire jeunes, c'est également le cas pour les vins rosés.

Les vins rouges ont des caractères différents selon la proportion des différents cépages.

Corbières, Minervois, une partie des Fitou, Saint-Chinian et Faugères, sont des vins corsés et tanniques sans excès. Ils ont une assez bonne aptitude au vieillissement surtout pour les A.O.C. Saint-Chinian et Faugères.

Côtes du Roussillon et Côtes du Roussillon-Villages sont des vins rouges riches et corsés, surtout les Côtes du Roussillon-Villages. Ces derniers ont une bonne aptitude à la conservation.

Quant aux VDN (Vins Doux Naturels) se sont des vins riches en alcool. Lorsqu'ils sont issus de Muscat (voir les différentes A.O.C. ci-dessus), les vins sont très aromatiques et ne gagnent pas à être conservés trop longtemps. Ceux issus des autres cépages ont généralement une très bonne aptitude à la conservation. C'est le cas des Banyuls et Banyuls grand cru, des Maury et de certains Rivesaltes.

DOCUMENT CAVES DU SIEUR D'ARQUES LIMOUX

PHOTO : BRUNET

- Viandes rôties ou grillées : Minervois, Corbières, Cabardès, Côtes du Roussillon... Vin de pays d'Oc issu de Merlot
- Viandes en sauce/gibier : Saint-Chinian, Faugères, Fitou, Côtes du Roussillon villages... Vin de pays d'Oc (Cabernet, Syrah...)

RESTAURATEURS ET VINS DU LANGUEDOC et du ROUSSILLON (service et accords)

Les vins blancs et les vins rosés se servent entre 8 et 10 °C (bien souvent, les rosés sont servis trop frais). Les rouges légers et souples à 14/15 °C, les rouges de garde entre 16 et 18 °C.

Les V.D.N. blancs se servent de 9 à 11 °C, les V.D.N. rouges jeunes aux environs de 12 °C, les V.D.N. rouges ayant subi un vieillissement plus ou moins prolongé, à 15/16 °C.

Quelques accords vins et mets

Apéritif, mets ou préparations	*Vins conseillés*
Apéritif	Les différents V.D.N., surtout les muscats, Crémant de Limoux, Clairette, ...
Entrées froides, fruits de mer	Picpoul de Pinet, Corbières ou Minervois blancs, ...
Poissons meunière ou grillés	Saint-Chinian, Faugères blancs, ...
Poissons en sauce avec crème	Côtes du Roussillon blanc, Collioure blanc, ...
Viande blanche	Coteaux du Languedoc "Grès de Montpellier", Vin de pays issu de Merlot, ...
Viande rouge grillée ou rôtie	Côteaux du Languedoc "Terrasses du Larzac", Minervois, Corbières, ...
Viande rouge en sauce/gibier	Saint-Chinian, Faugères,Fitou, Minervois-Livinière, Côtes du Roussillon Villages, ...
Fromages	Les différents vins rouges, un vieux V.D.N. Banyuls ou Maury sur les bleus, ...
Desserts	V.D.N. issus de Muscat ; Banyuls, Maury, Rivesaltes sur le chocolat, ...

Spécialités régionales : Huîtres de Bouzigues : Picpoul de Pinet, **Bourride à la sétoise :** Coteaux du Languedoc blanc, **Morue à la nîmoise :** Costières de Nîmes blanc* - **Gardiane** (viande de taureau en sauce avec du riz) : Coteaux du Languedoc Pic Saint-Loup, **Crème catalane :** Rivesaltes ambré (V.D.N.).

** Rattaché à la Vallée du Rhône*

Picpoul de Pinet, Limoux blanc...
Vin de pays d'Oc (Chardonnay)

8.7 - Sud-Ouest

Indépendamment du Bordelais, le Sud-Ouest de la France produit, sur un peu plus de 60 000 hectares, toute une gamme de vins blancs, rouges et rosés. Ces vins sont commercialisés sous une trentaine d'A.O.C.. Certains sont très connus (Monbazillac, Jurançon, Madiran…), d'autres, dont les noms sont moins familiers, méritent notre attention. Il s'agit souvent de vins d'excellente qualité.

PHOTO : BRUNET

Château de Monbazillac

Bref HISTORIQUE

Bref historique

La plupart des vignobles du Sud-Ouest sont très anciens. Plusieurs, situés sur la route des grands pèlerinages (Saint-Jacques-de-Compostelle) ont connu la prospérité au Moyen-Âge. Par la suite, ils ont alterné périodes de prospérité et périodes sombres. À la fin du XIXe siècle, durement touchés par le phylloxéra, plusieurs vignobles ont été réduits à quelques hectares (Madiran, Cahors, …). De nos jours, ces appellations sont en plein essor.

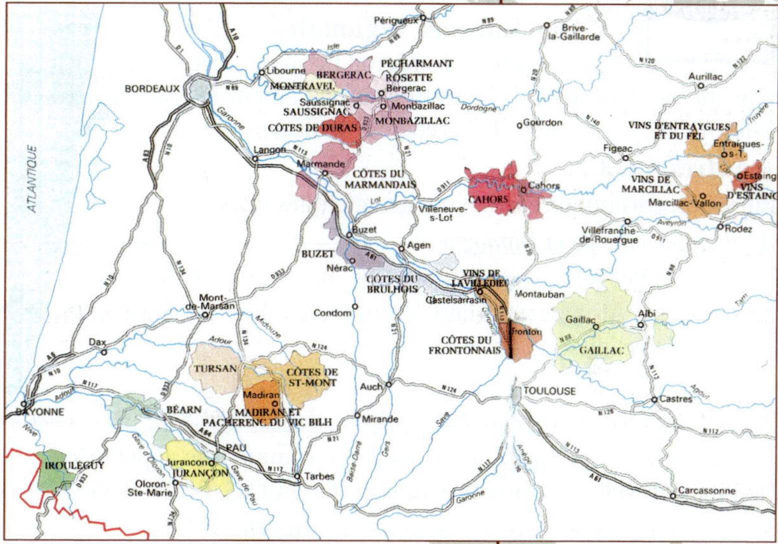

SOURCE : DOCUMENT SOPEXA

Situation géographique, sols, climat et importance du vignoble

La région vinicole du Sud-Ouest s'étend de la Dordogne aux Pyrénées. Les vignobles sont très disséminés. Mais pour faciliter leur présentation, certains d'entre eux peuvent être regroupés.

<u>*A - Les vins de la Dordogne*</u> (ou du Bergeracois) sur les deux rives de la Dordogne en amont du vignoble Bordelais. Les sols sont à dominance argilo-calcaire ou alluvionnaires.

<u>*B - Les vins des Pyrénées Atlantiques, des Landes et du Gers,*</u> essentiellement dans la région de Pau et au pied des Pyrénées. Les sols varient selon les appellations : silico-argileux avec des galets pour Jurançon, argilo-calcaires pour Madiran.

<u>*C - Les vins de Cahors, sur les rives du Lot.*</u> Ils sont produits sur 2 types de sols : calcaire et alluvions dans la vallée du Lot, argilo-calcaires sur le causse.

<u>*D - Les vins du Lot-et-Garonne*</u> sur les deux rives de la Garonne, en amont du vignoble Bordelais, cultivés sur des sols argilo-calcaires.

<u>*E- Les autres vins du Sud-Ouest*</u> : Gaillac, avec des sols graveleux sur la rive gauche du Tarn, calcaires et granitiques sur la rive droite. Côtes du Frontonnais avec des sols pauvres et graveleux, etc.

(Voir la carte et la liste des appellations)

Le climat varie en fonction de la situation géographique, mais tous les vignobles sont sous influence océanique.

Certaines A.O.C. ont une superficie notable : Bergerac, Gaillac, Cahors… d'autres s'étendent seulement sur quelques hectares : Irouléguy, Rosette…

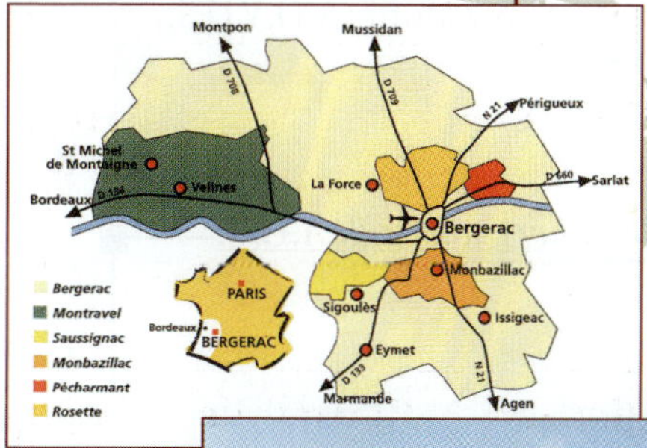

SOURCE : CIVRB

PHOTO : BRUNET

Le célèbre pont Valentré à Cahors

Principaux cépages

Les cépages du Bordelais, tout proche, sont très présents, mais sont également présents des cépages locaux*. Ces derniers donnent aux vins dont ils sont issus, une personnalité incomparable.

◆ *Blancs :* ***Sauvignon, Sémillon, Muscadelle, Mauzac, Ugni blanc, Petit Manseng*, Gros Manseng* et Courbu**** (Jurançon, Pacherenc du Vic-Bilh…), ***Arrufiac****…

◆ *Rouges :* ***Cabernet-sauvignon, Cabernet franc, Merlot, Auxerrois (appelé aussi Côt ou Malbec surtout présent à Cahors), Tannat* (Madiran, Saint-Mont…) Négrette* (Fronton…).***

**Cépages locaux*

Gros Manseng

Arrufiac

Pinenc

Tannat

SOURCE : PRODUCTEURS PLAMONT - PHOTO : ALQUIER

Classification(s)

Pas de classification officielle pour les vins du Sud-Ouest.

Appellations d'Origine Contrôlée (A.O.C. & A.O.V.D.Q.S.)

Appellations régionales : Il n'existe pas d'appellation régionale pour l'ensemble des vins du Sud-Ouest. Mais peuvent éventuellement être assimilées à des A.O.C. régionales : le Bergerac et le Béarn.

◆ **Autres A.O.C.**

Elles sont très nombreuses. En voici quelques unes :

A - Pour les vins de la Dordogne

Bergerac, Bergerac sec, Côtes de Bergerac, Monbazillac, Pécharmant, Montravel, Haut-Montravel, Côtes de Montravel, Rosette, Saussignac.

B - Pour les vins des Pyrénées Atlantiques, des Landes et du Gers

Béarn : cette A.O.C. peut être considérée comme une appellation régionale, certaines communes ont droit à l'A.O.C. Béarn-Bellocq.

Jurançon et Jurançon sec, Pacherenc du Vic-Bilh, Madiran, Irouléguy, Côtes de Saint-Mont A.O.V.D.S., Tursan A.O.V.D.Q.S.

C - Pour les vins de Cahors, une seule A.O.C.

Cahors.

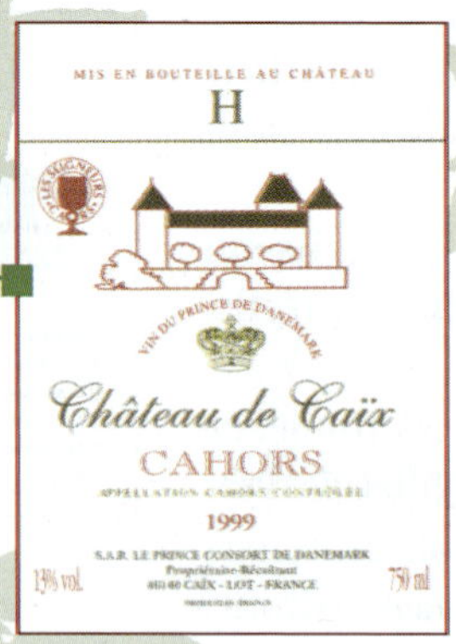

D - Pour les vins du Lot-et-Garonne

Buzet, Côtes de Duras, Côtes du Marmandais, Côtes du Brulhois (AOVDQS).

E - Pour les autres vins du Sud-Ouest

Gaillac, Gaillac doux, Gaillac 1ère Côtes, Gaillac mousseux (département du Tarn), Côtes du Frontonnais, Marcillac, et les A.O.V.D.Q.S. : Lavilledieu, Vins d'Estaing, Vins d'Entraygues et du Fel, Côtes de Millau, Coteaux du Quercy.

Caractères et conservation des vins du Sud-Ouest

La région du Sud-Ouest offre aux restaurateurs toute une gamme de vins allant des vins blancs secs aux vins liquoreux, des vins rouges légers aux vins plus corsés, sans oublier les rosés… Parmi les vins blancs secs, citons les A.O.C. : Bergerac sec, Montravel, Jurançon sec, une partie des vins de Pacherenc du Vic-Bilh et de Gaillac. Ils gagnent à être bus jeunes.

On trouve des vins moelleux sous les A.O.C. : Côtes de Bergerac, Côtes de Montravel, Pacherenc du Vic-Bilh, Gaillac doux, Jurançon ; des vins liquoreux sous les A.O.C. : Monbazillac, Haut-Montravel, Jurançon… Ces vins ont une bonne aptitude à la conservation, surtout les vins liquoreux.

Les vins rouges sont souples et bouquetés, sous les A.O.C. : Buzet, Côtes du Duras, Côtes du Marmandais, Côtes du Brulhois, Bergerac, Côtes de Millau, Coteaux du Quercy, ainsi que certains vins des Côtes du Frontonnais, de Marcillac… Ce sont des vins de moyenne garde. En revanche, les vins rouges des A.O.C. : Pécharmant, Madiran et une partie des Cahors, plus structurés, ont une excellente aptitude au vieillissement (8/10 ans, voire plus).

RESTAURATEURS ET VINS DU SUD-OUEST (service et accords)

Les vins blancs secs sont à boire jeunes entre 9 et 11 °C, les vins moelleux ou liquoreux légèrement plus frais : de 7 à 9 °C.

Les rouges légers se servent légèrement frais aux environs de 14 °C. Les rouges plus structurés : Madiran, Pécharmant… entre 15 à 17 °C.

SOURCE : CAVE DES PRODUCTEURS JURANÇON
PHOTOS : VINCENT DUBOURG

Quelques accords vins et mets

Apéritif, mets ou préparations	*Vins conseillés*
Apéritif	Floc de Gascogne, Gaillac mousseux, Monbazillac, …
Entrées froides, fruits de mer	Montravel blanc, Bergerac sec, …
Poissons meunière ou grillés	Jurançon sec, Pacherenc du Vic-Bilh sec, …
Poissons en sauce avec crème	Côtes de Montravel, Monbazillac, Côtes de Duras blanc, …
Viandes blanches	Rouge des A.O.C. : Buzet, Côtes du Marmandais, Côtes de Millau, …
Viandes rouges grillées ou rôties	Rouge des A.O.C. : Pécharmant, Marcillac, Côtes de Saint-Mont, …
Viandes rouges en sauce/gibiers	Cahors, Madiran, …
Fromages	Tous les vins rouges du Sud-Ouest mais aussi les vins moelleux et liquoreux (Monbazillac, Jurançon... sur les pâtes persillées).
Desserts	Monbazillac, Haut-Montravel, Saussignac, Gaillac doux, …

Spécialités régionales : Foie gras du Sud-Ouest : Monbazillac, Jurançon, Pacherenc du Vic-Bilh moelleux. **Cassoulets, confits :** Madiran. **Pipérade :** Irouléguy rosé. **Salmis de palombes :** Côtes de Saint-Mont, Tursan (rouges). **Ossau-Iraty** (fromage A.O.C. du Pays Basque) : Irouléguy, Madiran, …

SOURCE : CH BABILLOTTE

8.8 - Val de Loire

Région bénie des dieux, le Val de Loire est parsemé de châteaux très connus (Amboise, Cheverny, Chenonceaux, etc.). Partout plane l'ombre d'écrivains célèbres : Balzac, Du Bellay, Ronsard, Rabelais, etc. Mais la Vallée de la Loire, c'est aussi le pays de la vigne et du vin. Les appellations, fort nombreuses, offrent à l'amateur de vins une palette très complète : blancs secs, demi-secs, moelleux ; rouges légers ou corsés ; rosés frais et faciles à boire ; mais aussi de nombreux vins effervescents.

Amboise, un des nombreux châteaux où séjourna la cour royale, a donné son nom à une des A.O.C. de Touraine.

Bref historique

Il semblerait que la vigne soit arrivée dans la Vallée de la Loire un peu plus tardivement que dans d'autres régions françaises. Mais elle y était présente dès le IIe siècle de notre ère. Les écrits de Grégoire de Tours nous prouvent qu'au VIe siècle de nombreux vignobles existaient déjà dans tout le Val de Loire. Par la suite, en raison de calamités climatiques et des guerres (en particulier celle de 100 ans). les vignobles ont connu des fortunes diverses. Mais dès la fin du Moyen Âge, les nombreux séjours de la cour royale en Val de Loire ont largement participé à la renommée des vins de cette région. Plus près de nous, c'est après la Première Guerre mondiale que certains vins du Val de Loire sont partis à l'assaut de la Capitale.

Effigie de Rabelais

SOURCE : CIVT

Situation géographique, sols, climat et importance du vignoble (pour l'ensemble du Val de Loire)

Le vignoble du Val de Loire s'étend du Massif Central à l'Océan sur les deux rives de la Loire et de ses affluents. La dispersion des vignobles se traduit par des différences très sensibles au niveau de la nature du sol et surtout du climat. La production est de l'ordre d'un peu plus de 3,5 millions d'hectolitres pour 60 000 hectares environ.

Pour faciliter l'étude de cette vaste région, nous l'avons divisée en 4 sous-régions : Pays Nantais, Anjou-Saumur, Touraine, Centre-Loire.

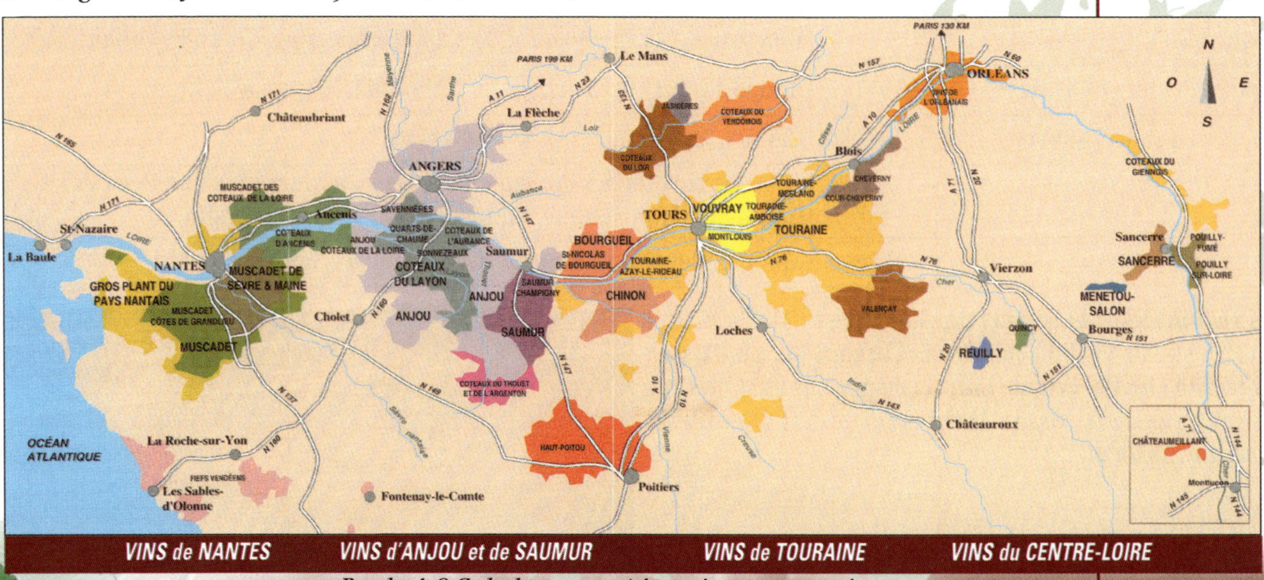

Les vins du Val de Loire

SOURCE : FIVAL

Pour les A.O.C. de chaque sous-région, voir cartes pages suivantes.

Principaux cépages :

(Voir pour chaque sous-région du Val de Loire et carte schématique ci-contre)

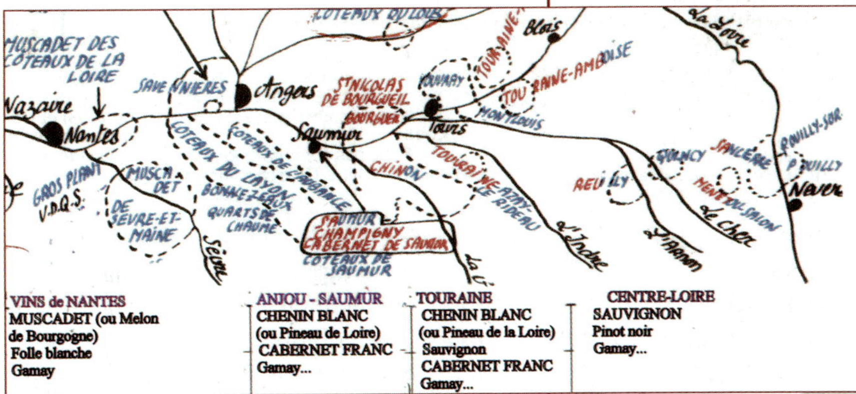

Classification(s)

On ne peut pas parler de classification pour les vins du Val de Loire, même si certains vins d'Anjou peuvent être assimilés à la notion de « grand cru ».

Appellations régionales : Il n'existe pas d'appellation régionale pour l'ensemble du Val de Loire*. Mais sont considérées comme A.O.C. régionales, les A.O.C. : Muscadet, Anjou, Touraine…

** En revanche, il existe une dénomination pour l'ensemble des vins de pays de cette vaste région « Vin de Pays du Val de Loire ».*

Nantes

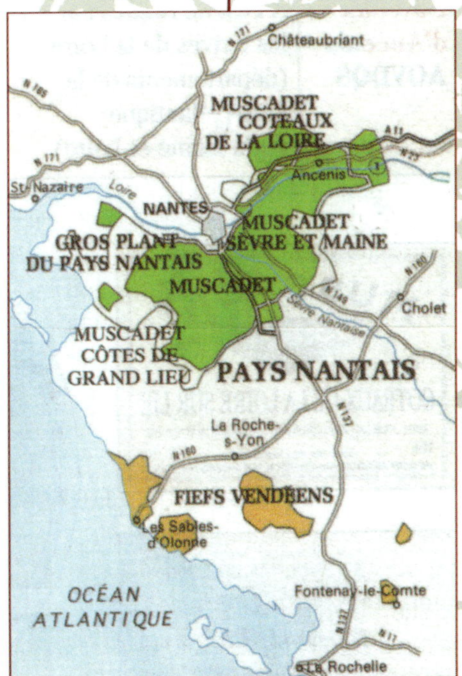

Situation géographique, sols, climat et importance du vignoble

Les « vins de Nantes » sont produits, essentiellement, en Loire-Atlantique. Les sols y sont variés, plutôt légers et caillouteux, composés de terrains anciens et de roches éruptives. Les « Vins de Nantes » sont très influencés par l'Océan tout proche. La superficie du vignoble est de l'ordre de 16 000 hectares.

Principaux cépages

◆ *Blancs* : On trouve essentiellement le ***Muscadet*** (ou Melon de Bourgogne) et dans une moindre mesure la ***Folle blanche*** dont est issu le Gros Plant.

◆ *Rouges* : ***Gamay*** et ***Cabernet*** pour l'appellation « Coteaux d'Ancenis ».

Appellations d'Origine (A.O.C. et A.O.V.D.Q.S.)

(voir localisation sur la carte)

Il ne faut pas parler « du muscadet » mais « des muscadets ». En effet, pour ces vins, il existe 4 A.O.C. :

◆ **A.O.C. régionale :** Muscadet

◆ **Autres A.O.C. :** Muscadet Sèvre et Maine, Muscadet Coteaux de la Loire, Muscadet Côtes de Grand-Lieu.

La mention « sur lie » est très souvent présente sur les étiquettes des vins de Nantes. Elle ne constitue pas une A.O.C.. Elle peut être revendiquée pour des vins qui ont été mis en bouteilles directement sur leurs lies fines, sans avoir été soutirés.

D'autre part, bien que ne faisant pas partie des vins de Nantes, il faut citer l'A.O.V.D.Q.S. « Fiefs vendéens » située sur le département de la Vendée. Cette appellation peut être complétée par : Pissotte, Mareuil, Brem et Vix.

Caractères et conservation des vins de Nantes

Les vins blancs sont secs, voire très secs (Gros Plant). Ils sont à boire jeunes, même si certains muscadets, parmi les meilleurs, ont une assez bonne aptitude à la conservation. Les vins rouges et rosés de la région d'Ancenis et des Fiefs vendéens sont légers, fruités et gagnent à être bus jeunes.

RESTAURATEURS ET VINS DE NANTES(service et accords)

(Voir à la fin du chapitre sur le « Val de Loire » page 80)

PHOTO : NICOLAS JOLY

Anjou-Saumur

Situation géographique, sols, climat et importance du vignoble

Essentiellement sur le département du Maine et Loire. Les sols sont variés mais à dominance argilo-schisteuse à l'Ouest et argilo-calcaire à l'Est (Saumurois). Le vignoble bénéficie de la célèbre « douceur angevine », très favorable à l'élaboration de vins botrytisés. Il s'étend sur un peu moins de 15 000 hectares.

Principaux cépages

◆ *Blancs* : ***Chenin*** (ou Pineau de la Loire) et dans une moindre mesure, pour les appellations régionales : ***Chardonnay*** et ***Sauvignon.***

◆ *Rouges* : ***Cabernet franc*** et dans une moindre mesure, ***Cabernet-sauvignon.*** Sont également admis, pour les appellations régionales : ***Gamay, Côt, Grolleau, Pineau d'Aunis.***

SOURCE : INTERLORE
PHOTO : PATRICK ROBERT IGNIS

Chenin

SOURCE : INTERLORE
PHOTO : PATRICK ROBERT IGNIS

Carbernet franc

Appellations d'Origine Contrôlée

Elles sont très nombreuses, une vingtaine (voir situation sur la carte). Ces A.O.C. peuvent concerner : une région, une sous-région, une commune, voire un seul cru.

A.O.C. régionales : Anjou, Anjou Gamay, Anjou mousseux, Rosé d'Anjou, Cabernet d'Anjou.

Autres A.O.C. : Anjou-Villages, Anjou-Villages Brissac (plus restrictive qu'Anjou-Villages), Saumur, Saumur Champigny, Coteaux de Saumur, Saumur mousseux, Cabernet de Saumur, Anjou Coteaux de la Loire, Savennières (deux terroirs exceptionnels peuvent compléter cette A.O.C. : Coulée de Serrant et Roche-aux-Moines, Coteaux de l'Aubance, Coteaux du Layon, Bonnezeaux , Chaume, Quarts de Chaume.

L'AOC peut concerner:

... une sous-région (AOC sous-régionale),... ... toute la région (AOC régionale),... ... une commune (AOC communale),... ... ou ne concerner qu'un seul cru, comme les «Grands crus» en Bourgogne.

L'anjou produit:

des vins blancs secs — des vins moelleux ou liquoreux — et des vins rouges

Bien que ne faisant pas parties du vignoble angevin, il faut citer deux appellations situées au sud-est de l'Anjou : A.O.V.D.Q.S. Vins du Thouarsais : département des Deux-Sèvres.
A.O.V.D.Q.S. Haut-Poitou : département de la Vienne.

A.O.C. communes à l'Anjou et à la Touraine : Rosé de Loire (sec) et Crémant de Loire (élaboré par la méthode traditionnelle comme en Champagne).

Les 2 A.O.C. communes à l'Anjou et à la Touraine

Caractères et conservation des vins d'Anjou et de Saumur

La région d'Anjou et de Saumur offre aux restaurateurs toute une gamme de vins allant des vins blancs sec aux vins liquoreux, des vins rouges légers aux vins plus corsés, sans oublier les rosés.

Parmi les vins blancs secs, fins et aromatiques, citons les A.O.C. : Anjou (même si certains peuvent être demi-secs), Savennières, Saumur blanc, Saumur mousseux (brut)... À l'exception de certains Savennières, ces vins sont à boire jeunes.

On trouve des vins moelleux ou liquoreux sous les A.O.C. : Coteaux de Saumur, Coteaux de l'Aubance, Coteaux du Layon, Chaume, Quarts-de-Chaume, Bonnezeaux... Ces vins ont une bonne aptitude à la conservation, voire une très bonne aptitude (surtout les vins liquoreux).

Les vins rouges issus de Gamay sont légers et fruités, ils gagnent à être servis jeunes. Ceux qui sont issus de Cabernet franc et/ou de Cabernet sauvignon offrent toute une gamme allant des vins légers à boire jeunes aux vins plus corsés (Saumur Champigny) qui ont une bonne aptitude à la conservation.

Les rosés sont fruités, il faut les boire jeunes, même si certains ont une assez bonne aptitude à la conservation. On les trouve sous les A.O.C. Rosé d'Anjou, demi-sec ; Cabernet d'Anjou, demi-sec ou moelleux ; Cabernet de Saumur, sec à demi-sec.

RESTAURATEURS ET VINS D'ANJOU ET DE SAUMUR (service et accords)

(Voir à la fin du chapitre sur le « Val de Loire » page 80)

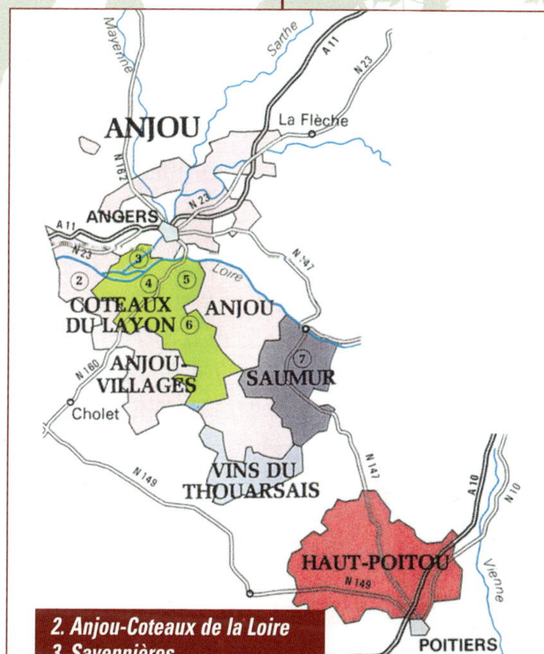

2. Anjou-Coteaux de la Loire
3. Savennières
4. Quarts-de-Chaume
5. Coteaux de l'Aubance
6. Bonnezeaux
7. Saumur Champigny

Touraine

Situation géographique, sols, climat et importance du vignoble

Le vignoble tourangeau est localisé essentiellement en Indre-et-Loire. Il occupe les coteaux de la Loire (en amont et en aval de Tours), de l'Indre et du Cher. Les sols sont variés : calcaires (aubuis), argiles à silex (perruches), sable et graviers, sable sur tuffeau (tuffeau : calcaire tendre très présent dans la région). La Touraine se situe au carrefour des influences océaniques et continentales, ce qui lui confère un climat très propice pour l'élaboration de vins de qualité, avec de nombreux microclimats. La superficie du vignoble tourangeau est de l'ordre de 12 500 hectares en production.

Principaux cépages

◆ *Blancs : **Chenin ou** « Pineau de la Loire »,* ***Sauvignon,*** et dans une moindre mesure ***Chardonnay...***

◆ *Rouges : **Cabernet franc** dit « breton », en Touraine, **Cabernet-sauvignon, Gamay, Grolleau, Côt, Pinot noir...***

Appellations d'Origine Contrôlée

◆ **A.O.C. régionale :** Touraine : cette A.O.C. régionale peut être complétée par : pétillant, mousseux ; primeur. (cépage Gamay).

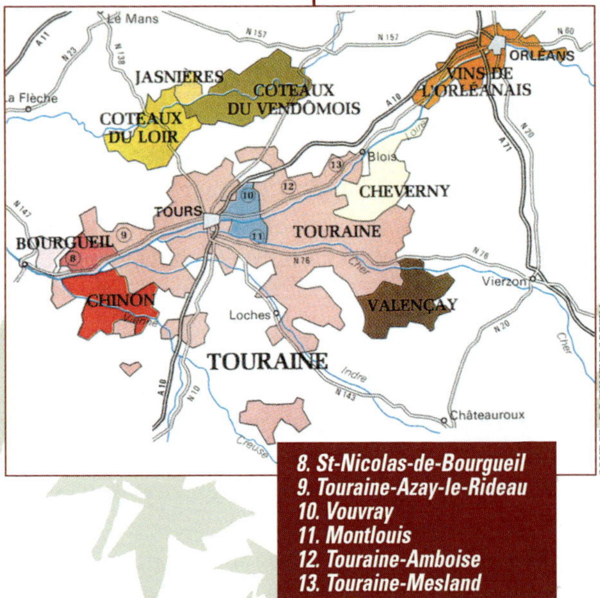

SOURCE : DOCUMENT SOPEXA

◆ **Autres A.O.C. :** parmi les plus connues, citons : Vouvray, Montlouis, Chinon, Bourgueil et Saint-Nicolas-de-Bourgueil (les vins blancs sont issus de Chenin, les rouges essentiellement de Cabernet franc).

Puis : Touraine-Amboise, Touraine-Mesland, Touraine-Azay-le-Rideau, Touraine Noble-Joué (vin rosé),

Bien que ne faisant pas partie des vins de Touraine proprement dits, doivent être citées les appellations limitrophes suivantes :

Cheverny, Cour-Cheverny (issu du seul cépage Romorantin), Jasnières, Coteaux du Loir, Coteaux du Vendomois, Valençay, Orléans et Orléans-Cléry (ces 2 dernières dans le Loiret).

(Pour toutes ces A.O.C., voir localisation sur la carte)

Les AOC Vouvray et Montlouis, issues du cépage Chenin, produisent des vins blancs secs mais aussi des vins blancs moelleux ou liquoreux.

Les AOC Chinon, Bourgueil et Saint-Nicolas de Bourgueil sont issues, essentiellement, du cépage Cabernet franc, appelé "Breton" en Touraine.

Caractères et conservation des vins de Touraine

La Touraine offre aux restaurateurs toute une gamme de vins allant des vins blancs secs aux vins moelleux et liquoreux, des vins rouges frais et légers aux vins corsés. Mais, elle offre aussi de nombreux vins rosés, ainsi que des vins effervescents (mousseux ou pétillants)... Parmi les vins blancs secs, citons les A.O.C. : Touraine, Touraine-Amboise, Touraine-Mesland et la plupart des vins de Vouvray et de Montlouis. Ces vins sont à boire jeunes, c'est également le cas pour les vins rosés qu'il est préférable de boire « sur le fruit ». On trouve des vins moelleux ou liquoreux sous les A.O.C. : Montlouis, Vouvray, Jasnières... Ils ont une bonne aptitude à la conservation, surtout les vins liquoreux.

Les vins rouges issus, ou à base de Gamay, sont légers et fruités, il faut les boire jeunes.

Les vins rouges, issus essentiellement de Cabernet : Chinon, Bourgueil et Saint-Nicolas-de-Bourgueil sont légers et fruités lorsqu'ils sont produits sur sols légers, il faut les boire jeunes. Ceux qui sont produits sur les coteaux donnent des vins plus corsés, plus structurés avec, généralement, une bonne aptitude à la conservation.

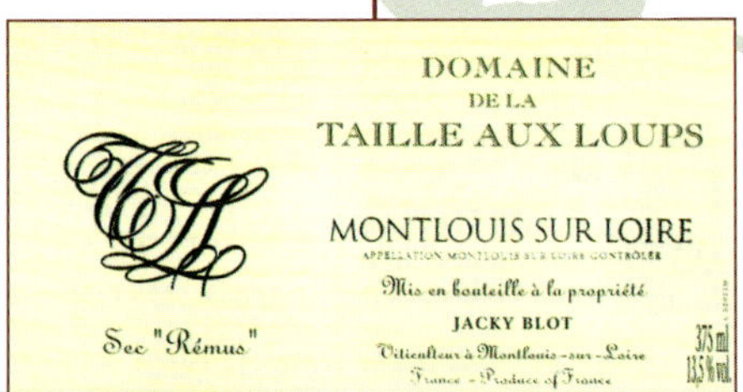

Existe en sec et en moelleux comme le Vouvray

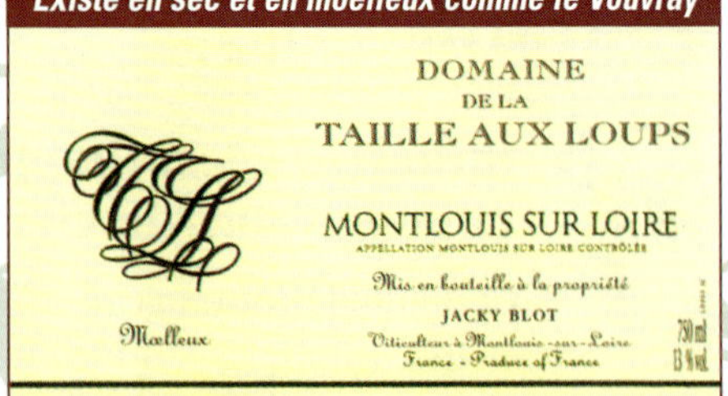

RESTAURATEURS ET VINS DE TOURAINE (service et accords)

(Voir à la fin du chapitre sur le « Val de Loire » page 80)

Centre-Loire et Centre

Situation géographique, sols, climat et importance du vignoble

Les vignobles du Centre-Loire s'étendent sur 4 départements : Nièvre, Cher, Indre et Loiret. Les sols, variés, sont différents selon les appellations, mais à dominance : argilo-calcaires et argilo-siliceux dans le Sancerrois, marno-calcaires compacts dans la région de Pouilly/Loire, sablo-graveleux à Reuilly et Quincy…

Le climat est tempéré à tendance continentale, ce qui se traduit par de fortes amplitudes thermiques.

Avec une superficie de l'ordre de 4 500 hectares, les vignobles du Centre-Loire représentent environ 1/10 de la superficie viticole du Val de Loire.

Principaux cépages

◆ *Blancs* : ***Sauvignon blanc,*** très présent dans cette région (c'est le seul admis pour les vins blancs des appellations Sancerre, Pouilly-Fumé, Quincy et Reuilly…), ***Chasselas, Pinot gris…***

◆ *Rouges* : ***Pinot noir, Gamay.***

Cépage Sauvignon

PHOTO : BRUNET

Appellations d'Origine Contrôlée

◆ **A.O.C. régionales :** Il n'existe pas d'A.O.C. régionale pour l'ensemble des vins du Centre Loire.

◆ **Autres A.O.C. :** Sancerre, Pouilly-Fumé, Pouilly-sur-Loire, Quincy, Reuilly (attention à ne pas confondre avec Rully qui est un vin de Bourgogne), Menetou-Salon, Coteaux du Giennois, Châteaumeillant (A.O.V.D.Q.S.)…

Bien que ne faisant pas partie des vins du Centre-Loire proprement dits, doivent être citées les appellations suivantes : A.O.V.D.Q.S. Saint-Pourçain, A.O.V.D.Q.S. Côtes d'Auvergne (complétée sous certaines conditions par : Boudes, Chanturgue, Châteaugay, Corent et Madargues), Côtes du Forez, Côtes Roannaises.

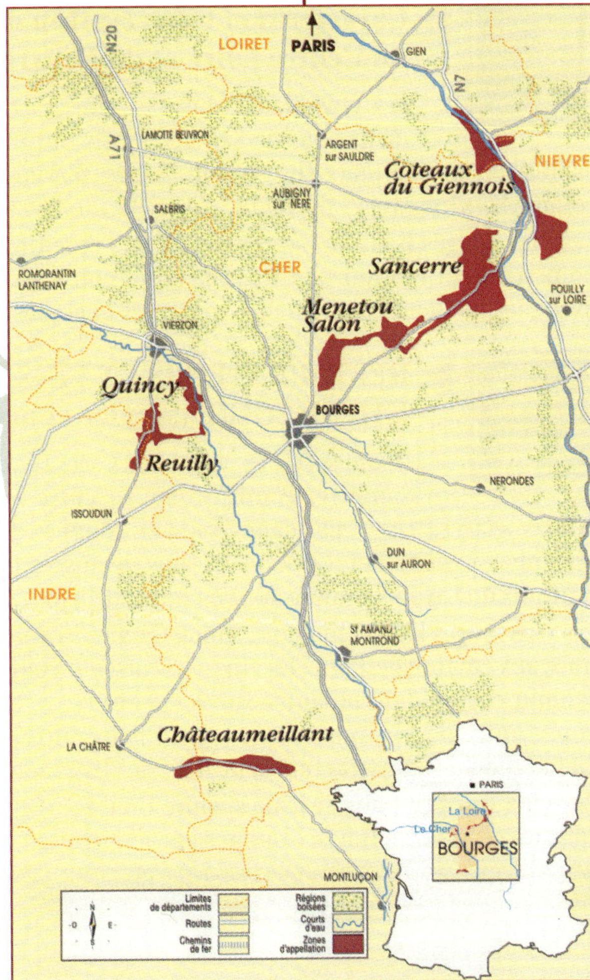

SOURCE : BIVC - PRISME - IGN

A.O.C. les plus connues

Attention à ne pas confondre les « Pouilly » :
- Pouilly-Fumé Val de Loire, cépage Sauvignon,
- Pouilly-sur-Loire, Val de Loire, chasselas avec ou sans Sauvignon,
- Pouilly-Fuissé, Bourgogne, Mâconnais, cépage Chardonnay.

Caractères et conservation des vins du Centre-Loire et du Centre

Les vins blancs sont des vins secs, essentiellement issus de Sauvignon. Ils ont une très belle expression aromatique. Ils gagnent à être servis jeunes, tout comme les vins rosés.

Les vins rouges issus de Gamay sont légers et fruités, il faut les boire jeunes. Ceux qui sont issus de Pinot noir sont corsés, sans excès, les meilleurs peuvent être conservés quelques années.

RESTAURATEURS ET VINS DU VAL DE LOIRE (service et accords)

Il faut servir les vins blancs secs (type Muscadet, Sancerre, Pouilly fumé…) entre 8 et 10 °C, jamais glacés. Les vins blancs secs et souples (Savennières, Vouvray…) entre 9 et 11 °C et les vins demi-secs ou liquoreux (Coteaux du Layon, Bonnezeaux, Vouvray moelleux…) de 7 à 9 °C. Les vins rouges légers (Touraine, Anjou Gamay…) doivent être bus frais, aux environ de 12 °C, les vins plus corsés (certains chinons et saumur-champigny, produits sur les coteaux…) qui ont une bonne aptitude à la conservation, sont à boire entre 14 et 16 °C, en fonction de leur structure et de leur vieillissement.

Les vins rosés se boivent jeunes, entre 8 et 10 °C. Ils sont très souvent servis trop frais, ce qui masque leur fruité.

Muscadet sur lie avec poissons et coquilles Saint-Jacques

PHOTO : BRUNET

Vouvray et frangipane

PHOTO : BRUNET

Quelques accords vins et mets

Apéritif, mets ou préparations	*Vins conseillés*
Apéritif	Crémant de Loire, Anjou blanc, …
Entrées froides, fruits de mer	Muscadet, Gros Plant, Sancerre, …
Poissons meunière ou grillés	Muscadet Sèvre et Maine, Pouilly sur Loire, Quincy, …
Poissons en sauce avec crème	Savennières, Vouvray, Montlouis, Jasnières, Saumur blanc, …
Viandes blanches	Vins issus de Gamay : Touraine, Anjou, Coteaux d'Ancenis, Auvergne, …
Viandes rouges grillées ou rôties	Chinon, Bourgueil, Saumur Champigny, issus de sols légers, …
Viandes rouges en sauce/gibiers	Mêmes vins, issus des coteaux calcaires, mais aussi : Sancerre rouge, …
Fromages	Vins rouges issus de Cabernet ou de Pinot noir, mais aussi les blancs, issus de Sauvignon, pour les fromages de chèvre, …
Desserts	Coteaux du Layon, Vouvray et Montlouis moelleux ou liquoreux, …

Spécialités régionales : *Poissons au beurre blanc :* Muscadet, Savennières. ***Fricassée de volaille à l'angevine :*** Coteaux du Layon. ***Rillettes de Tours :*** Vouvray, Chinon ou Bourgueil jeunes et frais. ***Crottin de Chavignol :*** Sancerre blanc. ***Coq au vin :*** Côtes d'Auvergne Chanturgue.

Savennières et crustacés

PHOTO : BRUNET

Sancerre/Fromages (crottins de Chavignol)

SOURCE : DOCUMENT UNION VITICOLE SANCERROISE - BROCHURE SANCERRE - VIN DU CŒUR DE LA FRANCE

9. Les autres boissons alcoolisées

Indépendamment des boissons que nous avons étudiées jusqu'à maintenant, il existe d'autres boissons alcoolisées. Certaines sont des produits traditionnels, parfois consommés en quantité importante. C'est le cas de la **bière,** du **cidre** et dans une moindre mesure des **apéritifs** et des **digestifs.** D'autres sont des produits plus récents, mis sur le marché pour répondre à une nouvelle attente de la clientèle qui recherche des boissons allégées en alcool. Ce sont les **pétillants de raisins** et certaines **boissons à base de vin.** Peuvent également être cités les « **prémix** ».

PHOTO : BRUNET

Boissons fermentées : bière, cidre

LA BIÈRE

La bière est une des plus anciennes boissons du monde. Elle est célébrée depuis la plus Haute Antiquité. Elle était appelée cervoise par les Gaulois.

L'élaboration

Les quatre éléments de base pour l'élaboration d'une bière sont : **l'orge, l'eau, le houblon et les levures.**

Chaque brasseur a sa recette et sa levure. Mais les étapes sont toujours les mêmes. Après la récolte, l'orge est trempée dans de l'eau très pure, les grains se gorgent, la germination commence. L'orge est ensuite torréfiée pour donner le malt. De sa teinte plus ou moins grillée, dépendra la couleur de la bière. Le brassage commence quand le malt en farine, mélangé à l'eau, est transformé en liquide sucré et doré : le moût. Porté à ébullition, le moût est additionné de houblon, puis refroidi ; on y ajoute les levures. Intervient alors la fermentation qui transforme le moût en boisson vivante : la bière. Cette dernière est mise en cuves de garde pour s'affiner. Puis, elle est filtrée et conditionnée.

SOURCE : ASSOCIATION DES BRASSEURS DE FRANCE

L'élaboration à basse température (fermentation basse) permet d'obtenir des bières peu alcoolisées. C'est surtout cette technique qui est utilisée en France.

L'élaboration à haute température (fermentation haute) surtout utilisée en Allemagne, en Grande-Bretagne et en Belgique, donne des bières plus alcoolisées.

SOURCE : BRASSEUR DE FRANCE

Blanche, blonde, ambrée ou brune ? À quelle température ?

La Blanche (4,4 à 7,7 % Vol.) est brassée avec des malts pâles et des malts de froment. Elle est légère et désaltérante. Elle est excellente en apéritif. Elle se sert fraîche (4 °C).

La Blonde, (4,4 à 5,5 % Vol.). Elle est brassée avec des malts blonds pâles. C'est une bière légère, délicate et désaltérante. Elle se déguste fraîche (4 à 6 °C).

La Blonde spéciale (+ 5,5 % Vol.). Elle est brassée avec des malts légèrement grillés et des malts spéciaux. C'est une bière de caractère avec de la rondeur et une amertume de bon aloi. Elle se déguste à 6 ou 8 °C.

L'Ambrée (4,4 à 8 % Vol.). Elle est brassée avec des mélanges de malts grillés et torréfiés. Elle est plus charpentée que les précédentes. Il faut la servir un peu tempérée (8 à 9 °C).

La Brune (4,5 à 8 % Vol.). Elle est brassée avec des malts bruns et fortement torréfiés. Elle est onctueuse et crémeuse. Température de service 10 °C.

Quelques marques de bières

Françaises : Kronenbourg, Fischer, Météor, Kanterbrau, Pelforth, etc.

Étrangères : Geuze Lambic, Trapiste, Stella Artois (Belgique) ; Guiness (Irlande) ; Heineken (Pays-Bas) ; Spaten (Allemagne). Budweiser (USA), Corona (Mexique), Tsing Tao (Chine), etc.

Le service (source : Associations des Brasseurs de France, voir encadré).

Utilisez le bon verre : rincé à l'eau froide et non essuyé, le verre doit être impeccable et sans trace. Il est arrondi au centre et resserré au bord pour mieux capter et conserver les arômes. Il se couvre d'une buée quand la bière est à température idéale.

Ayez le bon geste : remplissez le verre en l'inclinant légèrement de façon à laisser couler la bière le long de la paroi. Une fois le verre à moitié rempli, redressez-le et versez la bière en éloignant la bouteille petit à petit pour former un beau chapeau de mousse qui permet de protéger sa saveur et de garder tous ses arômes.

SOURCE : ASSOCIATION DES BRASSEURS DE FRANCE

LE CIDRE

Le cidre est obtenu par la fermentation alcoolique du jus de pommes. Il a une origine très ancienne. Les principales régions de production sont, pour la France : la Normandie et la Bretagne.

Deux cidres bénéficient d'une A.O.C. : le CIDRE DU PAYS D'AUGE et le CIDRE DE CORNOUAILLE.

Les cidres se répartissent en :

- **Cidre doux :** peu alcoolisé, 1,5 à 3 % Vol. d'alcool à consommer à l'apéritif ou avec le dessert.
- **Cidre brut :** de 4 à 5,5 % Vol. d'alcool, s'adapte à de nombreux plats.
- **Cidre traditionnel :** 5 à 6 % Vol. d'alcool, légèrement trouble et moins pétillant que les précédents, il accompagne parfaitement le véritable camembert de Normandie.
- **Cidre nouveau :** obtenu après une légère fermentation (1,5 à 2 % Vol. d'alcool), il est mis en vente le jeudi qui précède le 29 octobre de chaque année. Bien évidemment, le cidre constitue l'accompagnement idéal pour les crêpes et les galettes.

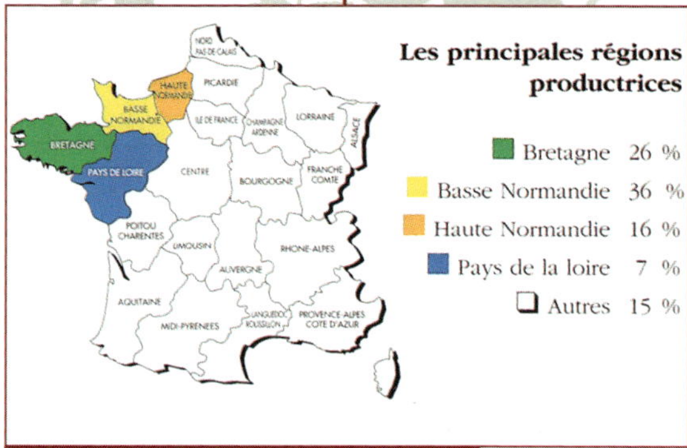

Principales régions productrices de cidre

SOURCE : ASS. NAT. INTER. DE L'ÉCONOMIE CIDRICOLE

A.O.C.

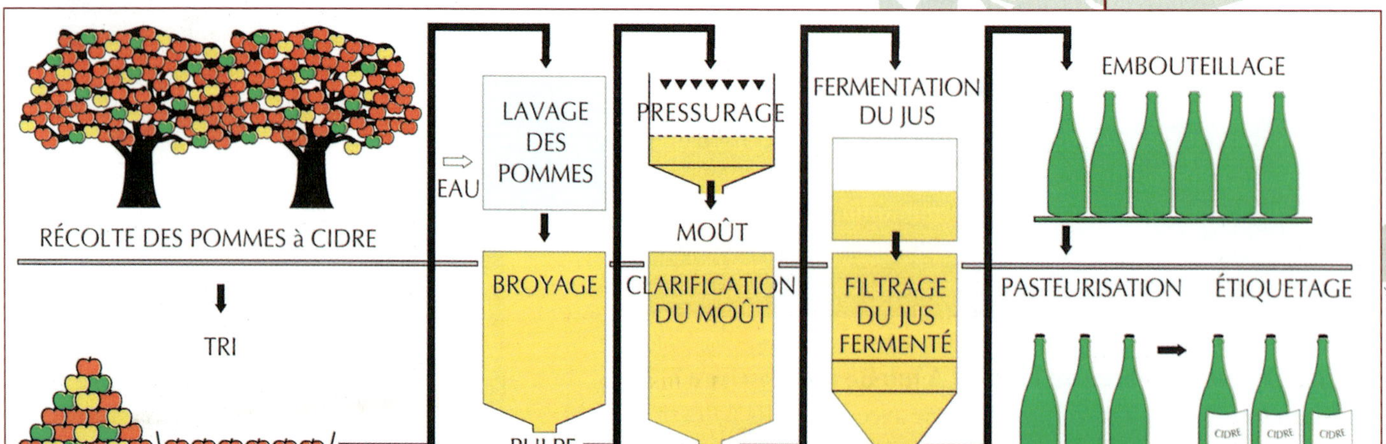

SOURCE : ASS. NAT. INTER. DE L'ÉCONOMIE CIDRICOLE

APÉRITIFS

Les apéritifs sont généralement classés en catégories : les amers, les anisés, les A.B.V. (Apéritifs à Base de Vin).

Les amers ou bitters

Comme leurs noms l'indiquent, ces produits ont une saveur amère. Ils sont parfois associés à d'autres boissons (Amer bière). La gamme de ces produits est très étendue : Campari, Picon, Fernet-Branca, etc.

Les anisés

Ils sont généralement élaborés à partir de la badiane (anis étoilé). Ils se consomment avec de l'eau et des glaçons : Pernod, Ricard, Berger, pastis Duval, Ouzo (Grèce), etc.

Les apéritifs à base de vin

a) Les quinquinas : mistelles et vins aromatisés avec, entre autres, de l'écorce de quinquina (arbre de la Cordillère des Andes dont l'écorce donne la quinine) : Dubonnet, Saint-Raphaël, Byrrh, etc.

b) Les vermouths : ils sont élaborés à partir de vins mutés aromatisés par macération de plantes et addition d'extraits aromatiques.

On distingue les vermouths blancs : Noilly Prat, Cinzano bianco, etc., et les vermouths rouges (vermouths italiens) : Martini rouge, Cinzano rouge, etc.

N.B : pour plus de précisions, reportez-vous à l'ouvrage de MM. Cailhol et Grosselin « Pratique du bar et des cocktails » Éditions BPI.

Amers

Anisés

Vermouths

Vermouths

À base de vin (A.B.V.)

SOURCE : DOCUMENT PRATIQUE DU BAR ET DES COCKTAILS - ÉDITIONS BPI - CAILHOL ET GROSSELIN

Boissons obtenues par distillation

LA DISTILLATION

La distillation est l'opération qui consiste à chauffer un liquide pour en séparer, par évaporation, les différents éléments qui le composent. Par exemple, la distillation permet d'extraire l'alcool présent dans les boissons et autres produits fermentés : vin, cidre, fruits, céréales, etc.

Le principe de la distillation est connu depuis très longtemps, mais à l'origine, il s'agissait de distillations qualifiées de « primitives ». Elles étaient pratiquées à l'aide de pierres chaudes. Pendant plusieurs siècles, les distillations se sont effectuées dans des cornues en verre. De nos jours, elles s'effectuent dans des alambics, généralement en cuivre.

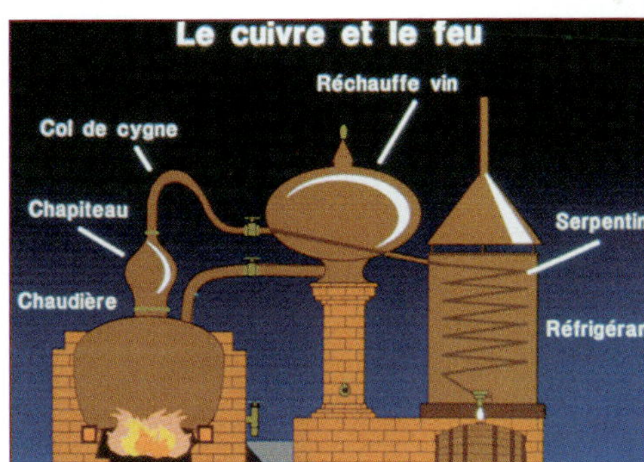

PHOTO BNIC

Alambic Charentais

PHOTO : BNIC

Principes

Le produit à distiller (vin, cidre, etc.) est introduit dans la chaudière. La chaleur du foyer, toujours modérée, porte le liquide à ébullition. Ce sont les vapeurs d'alcool qui s'échappent les premières. Elles s'accumulent dans le chapiteau, puis passent dans le serpentin. Au contact d'un réfrigérant, elles se condensent pour s'écouler sous forme d'eau-de-vie ou de brouillis (voir la partie Cognac). Il existe deux types de distillation : distillation en deux fois, avec brouillis et repasse ou distillation en continu. Seule la première est admise pour le Cognac, le Calvados du pays d'Auge et la plupart des grandes eaux-de-vie.

Distillation en deux fois

À l'issue de la première distillation, on recueille un produit qui titre 28 à 30 % Vol. d'alcool appelé brouillis. Ce brouillis est alors redistillé, c'est la « BONNE CHAUFFE ». Seuls les produits de cœur sont retenus, les « TÊTES » début de la distillation et les « QUEUES » fin de distillation sont écartées. Elles seront redistillées, soit avec un nouveau vin, soit avec un nouveau brouillis.

Distillation continue

L'alambic est à production continue. Le vin coule de la cuve à l'alambic, c'est lui qui sert de réfrigérant. Avec un système de plateau (voir schéma), le vin suit un trajet à contre courant de l'eau-de-vie. Ce type d'alambic est utilisé, entre autres, pour une partie de l'armagnac. L'autre partie de l'armagnac est distillée avec des alambics de type « charentais ».

Alambic distillation continue

PHOTO : BNIA

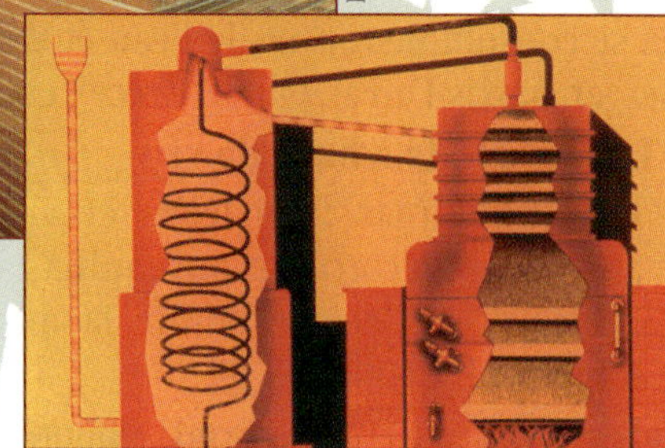

PHOTO : BNIA

Principaux produits obtenus par distillation

- **Les eaux-de-vie de vin :** Cognac, Armagnac, etc.
- **Les eaux-de-vie de cidre et de poiré :** Calvados.
- **Les eaux-de-vie de fruits :** mirabelle, kirsch, etc.
- **Les eaux-de-vie de grains et de céréales :** whisky, une partie de la vodka, etc.
- **Les rhums**
- **Les marcs ou eaux-de-vie de marc**

PHOTO : BRUNET

PHOTO : BRUNET

EAUX-DE-VIE

Définition : une eau-de-vie est une boisson spiritueuse obtenue par distillation, après fermentation, de différents produits d'origine végétale contenant des sucres simples ou composés (raisins, pommes, canne à sucre, céréales, etc.).

Législation : en France, il existe des eaux-de-vie à Appellation d'Origine Contrôlée (Cognac, Armagnac, Calvados) et des eaux-de-vie à Appellation Réglementée (Marc de Bourgogne, Mirabelle de Lorraine, etc.).

Quelques eaux-de-vie :

A) Les eaux-de-vie de vin

COGNAC : eau-de-vie de renommée mondiale, le Cognac est produit essentiellement sur 2 départements : Charente et Charente-Maritime. Cette région a été délimitée en 1909 et répartie en 6 sous-régions : Grande Champagne, Petite Champagne, Borderies, Fins Bois, Bons Bois et Bois Ordinaires.

Élaboration : le Cognac est distillé en deux fois (revoir la partie distillation).

Vieillissement : il s'effectue dans des fûts de chêne. Durant ce vieillissement, il se produit une évaporation relativement importante appelée la « PART DES ANGES ». Les eaux-de-vie les plus anciennes sont stockées dans un local appellé « PARADIS ».

Présentation : sur une étiquette, Fine Champagne signifie que l'eau-de-vie a été obtenue par assemblage de Grande et Petite Champagne (50 % minimum de Grande Champagne) ; Grande Champagne ou Grande Fine Champagne (100 % de Grande Champagne).

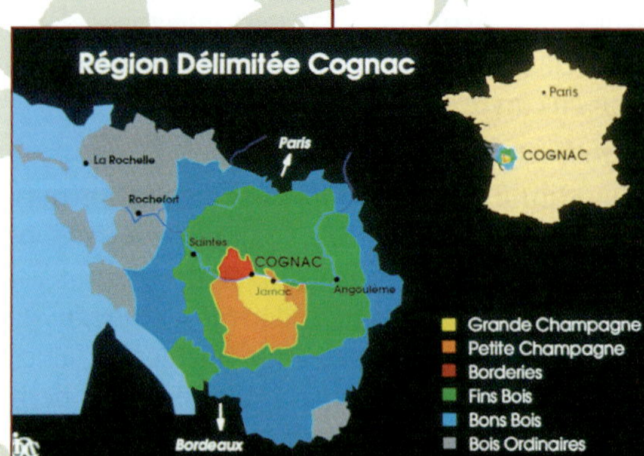

SOURCE : BNIC

*** (3 étoiles), V.S.O.P., X.O., Napoléon…** indiquent un seuil minimum de vieillissement de l'eau-de-vie la plus jeune entrant dans l'assemblage (voir encadré).

****V.S. (Very Special) ou *** (3 étoiles) Compte 2 :** les Cognacs dont l'eau-de-vie la plus jeune a au moins deux ans.
V.S.O.P. (Very Superior Old Pale), Réserve… Compte 4 : les Cognacs dont l'eau-de-vie la plus jeune a au moins quatre ans.
Napoléon, X.O., Hors d'âge… Compte 6 : les Cognacs dont l'eau-de-vie la plus jeune a au moins six ans.

Différentes catégories d'eaux-de-vie en fonction du vieillissement

SOURCE : BNIC

ARMAGNAC : cette eau-de-vie est élaborée dans les départements du Gers, des Landes et du Lot-et-Garonne. On distingue trois zones de production : ***le Bas-Armagnac*** (qui produit les eaux-de-vie les plus réputées), le ***Ténarèze*** et le ***Haut-Armagnac.***

Distillation : continue ou en deux fois comme le Cognac (revoir la partie distillation).

Présentation : l'Armagnac peut être millésimé s'il provient d'une seule année, sinon comme pour le Cognac sont utilisés les sigles : *** (3 étoiles), V.S.O.P., X.O., etc.

Les autres eaux-de-vie de vin

Il existe d'autres eaux-de-vie de vin. Exemple : eau-de-vie de vin de la Marne, eau-de-vie de vin de Bourgogne. *Attention à ne pas confondre avec les eaux-de-vie de marc.*

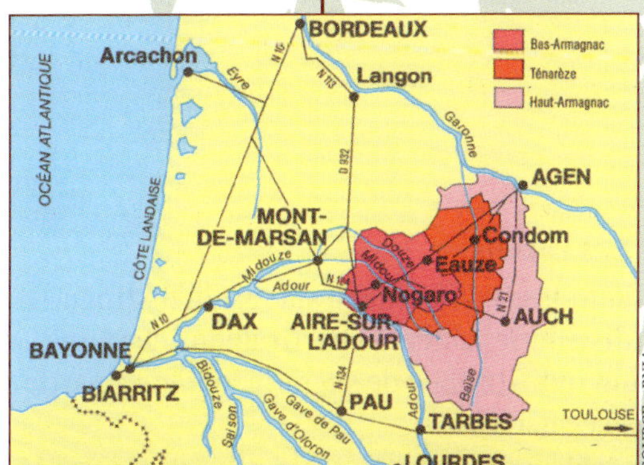

Différentes régions de production de l'Armagnac

SOURCE : BNIA

B) Les eaux-de-vie de marc

Ces dernières sont élaborées à partir des marcs (résidus de pressoirs). Exemple : eau-de-vie de marc de gewurztraminer, eau-de-vie de marc de Bourgogne, etc.

C) Les eaux-de-vie de cidre et de poiré

CALVADOS : il est élaboré en Normandie à partir du cidre et du poiré. Il existe 3 A.O.C. pour le Calvados : Calvados du Pays d'Auge A.O.C. (obligatoirement distillé en 2 fois), Calvados du Domfrontais et Calvados A.O.C.

Le vieillissement du Calvados s'effectue en fûts. Après vieillissement en fûts, les Calvados peuvent être présentés avec les sigles suivants : 3 étoiles ou 3 pommes (2 ans minimum), Vieux ou Réserve (3 ans), VSOP (4 ans), Napoléon, Hors d'Âge, … (6 ans).

On élabore également des eaux-de-vie de cidre dans d'autres régions, surtout en Bretagne.

D) Les eaux-de-vie de fruits

Ces dernières doivent être classées en deux catégories :

1 - Les eaux-de-vie obtenues par la distillation des fruits fermentés : cerises (kirsch), poires, mirabelles, etc.

2 - Les eaux-de-vie de baies : framboises, houx, sorbier, gratte-cul (cynorrhodon ou églantine), etc. obtenues après macération des baies dans une eau-de-vie neutre.

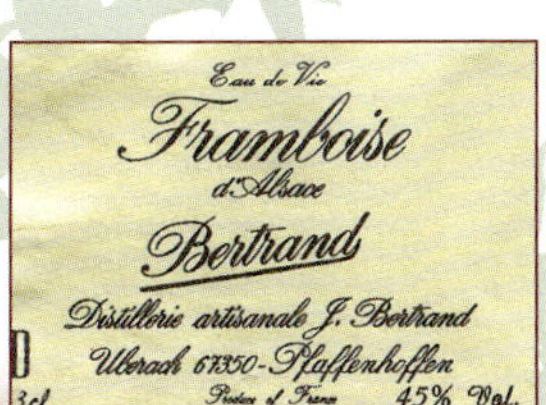

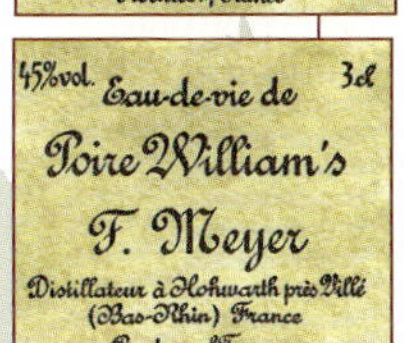

SOURCE : BERTRAND - 67350 UBERACH

Arbre de vie

E) Les eaux-de-vie de grains

Les whiskies

Dans l'élaboration des whiskies, différentes opérations doivent intervenir avant la distillation : le maltage, le brassage, puis la fermentation.

Il faut faire une distinction entre le ***Scotch*** et les autres whiskies. Le Scotch ne peut être élaboré qu'en Écosse. Les « ***single malt*** » ne proviennent que d'une seule distillerie, il s'agit généralement de produits au caractère très marqué. Les « pur malt » sont des assemblages de plusieurs « ***single malt*** ».

On élabore des whiskies : au Royaume-Uni (surtout en Écosse), en Irlande, au Canada, en Espagne, au Canada, au Japon, en France, aux USA, etc. Parmi les whiskies élaborés aux USA, le plus connu est le Bourbon (à base de maïs).

SCOTCH WHISKY (Écosse) IRISH WHISKEY (Irlande) BOURBON (USA)

Single Malt

Pure Malt

F) Les rhums

Ils sont issus de cannes à sucre. On distingue le rhum agricole ou de distillerie, obtenu à partir de jus de canne à sucre (vesou) et le rhum industriel ou de sucrerie, obtenu à partir des mélasses (résidus de sucreries).

Les rhums français proviennent de la Martinique, de la Guadeloupe, de la Guyane et de la Réunion. Il existe depuis 1996 une A.O.C. « Rhum agricole de la Martinique ».

PHOTO : BRUNET - VINEXPO

G) Autres eaux-de-vie

Vodka : originaire de Pologne et de Russie, la vodka peut être élaborée à partir de différents produits. Mais les meilleures le sont à partir de céréales : blé, seigle et orge.

Gin : parfumé au genièvre, très consommé en Grande-Bretagne.

Akvavit : eau-de-vie des pays scandinaves, elle accompagne parfaitement les poissons, surtout les harengs marinés.

Slibovitz : eau-de-vie de prunes d'Europe centrale, surtout de l'ex-Yougoslavie (Croatie, Slovenie…).

Tequila et Mescal : à base d'agave, sorte de cactus (Mexique).

Saké : (Sud-Est asiatique). Contrairement à une opinion très répandue, il ne s'agit pas d'une eau-de-vie, mais d'une boisson fermentée, à base de riz. (20 % Vol. alc. à la sortie de la cuve, ramené dans la majorité des cas entre 14 et 16 % Vol. alc.).

Etc.

PHOTO : BRUNET

Température de service des eaux-de-vie

Les eaux-de-vie brunes se servent à température de la pièce. Les eaux-de-vie blanches se consomment fraîches, voire très fraîches.

Eaux-de-vie et gastronomie

Les eaux-de-vie, en particulier le Cognac, l'Armagnac et le Calvados sont souvent utilisées pour des préparations culinaires et pour la réalisation de nombreux cocktails.

Liqueurs et crèmes

Contrairement aux eaux-de-vie, les liqueurs et les crèmes ne sont pas seulement le produit d'une distillation. Elles sont composées de 3 éléments :

- des eaux-de-vie ou alcools sélectionnés.
- des substances végétales : fruits, plantes, graines, épices, etc.
- des sucres.

Élaboration

Il existe deux grandes catégories de liqueurs :

- les liqueurs de fruits, obtenues par macération des fruits dans l'alcool.
- les liqueurs de plantes.

Les plantes sont mises à macérer dans l'alcool, puis ce mélange est distillé pour obtenir « l'esprit ou alcoolat » auquel on ajoute une certaine quantité de sucre. Une crème (cacao, banane, cassis…) est toujours plus sucrée qu'une liqueur.

Quelques liqueurs et crèmes

a) à base de fruits : ***Cherry Rocher*** (cerises, Isère) - **Cointreau** (oranges, Angers) - ***Grand Marnier*** (oranges, Neauphle-le-Château) - ***Crème de Cassis**** (celle de Dijon est la plus renommée) - etc.

b) à base de plantes : ***Bénédictine*** (Fécamp, Seine-Maritime)- **Chartreuse** (Voiron, Isère). ***Verveine du Velay*** (Le Puy-en-Velay, Haute-Loire) - Etc.

Quelques liqueurs de l'Union Européenne :

Drambuie (Scotch et miel, Ecosse) ***Strega*** (plantes, Italie)

Marachino (cerises, Italie)

****C'EST LA TENEUR EN SUCRE QUI CONSTITUE LA DIFFÉRENCE ESSENTIELLE ENTRE UNE LIQUEUR ET UNE CRÈME***

Conservation et service

Certaines liqueurs à base de plantes peuvent vieillir. En revanche celles qui sont à base de fruits doivent être consommées jeunes. Certaines liqueurs gagnent à être servies fraîches (Chartreuse, Marie Brizard, Cointreau, ...). Les liqueurs vertes sont plus alcoolisées que les jaunes. Exemple : Chartreuse verte : 55 °C, Chartreuse jaune : 43 °C.

Vins de liqueur et produits assimilés

Il existe en France quelques vins de liqueur qui bénéficient d'une Appellation d'Origine Contrôlée : Pineau des Charentes, Floc de Gascogne, Macvin du Jura.

Définition et régime fiscal

Ce sont des vins obtenus par mutage du moût (addition d'alcool) pour empêcher la fermentation.

Leur degré alcoolique varie entre 15 et 22 % Vol. Bien que dénommés vins, ils sont soumis au régime fiscal des « alcools ».

Liqueur à base de plantes

Liqueur à base de fruits

Différence entre Grand Marnier cordon rouge et cordon jaune :
cordon jaune : à base d'eau-de-vie
cordon rouge : à base de cognac

SOURCE : RÉALISÉ À PARTIR D'UN DOCUMENT GRAND MARNIER LAPOSTOLLE

Certaines liqueurs gagnent à être servies fraîches, à la rigueur sur des glaçons.

SOURCE : DOCUMENT CHARTREUSE DIFFUSION

LE PINEAU DES CHARENTES

Elaboré dans l'aire d'appellation du Cognac. Le jus de raisin est muté avec du Cognac. Il existe en rouge, blanc et rosé.

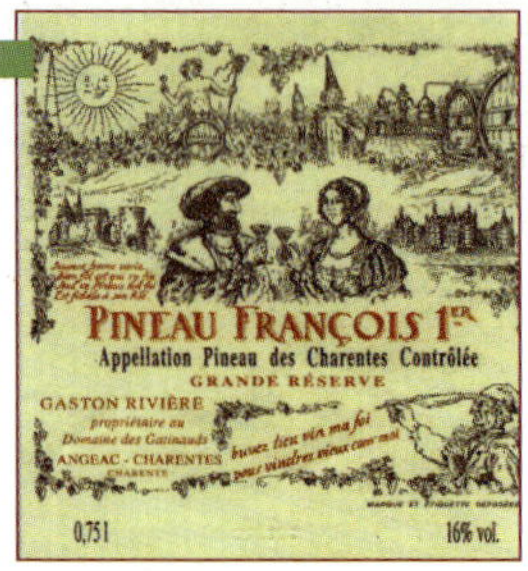

LE FLOC DE GASCOGNE

Élaboré dans l'aire d'appellation Armagnac. Le jus de raisin est muté à l'Armagnac.

MACVIN DU JURA

Élaboré dans l'aire d'appellation des vins du Jura. Le moût est muté avec de l'eau-de-vie à appellation d'origine réglementée « eau-de-vie de marc de Franche Comté ».

Ces vins de liqueur peuvent être servis à l'apéritif, ils accompagnent également : melon, foie gras, fruits, desserts, etc.

« POMMEAU DE NORMANDIE » et « POMMEAU DE BRETAGNE »

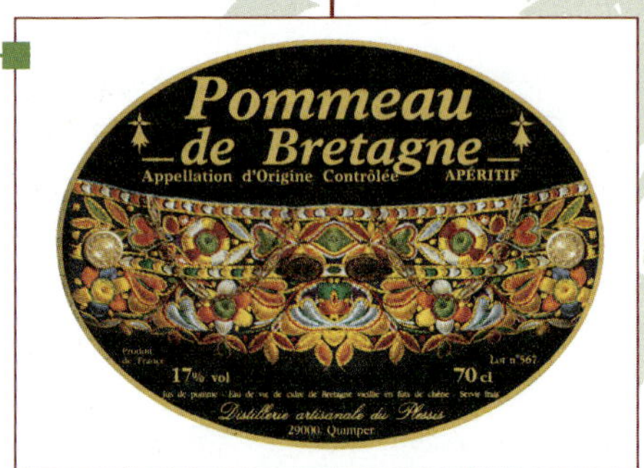

Il ne s'agit pas de vins, mais de boissons élaborées selon le même procédé que les V.D.N. Ils sont élaborés à base de « moût » de pommes muté à l'alcool : Calvados pour la Normandie, eau-de-vie de pommes pour la Bretagne. Les deux bénéficient d'une A.O.C. Ils peuvent être servis à l'apéritif et sur de nombreux desserts, en particulier les crêpes et la tarte tatin.

N.B. : Les V.D.L. et les pommeaux se prêtent à la réalisation de nombreuses recettes (moules au Pineau des Charentes, huîtres chaudes au pommeau, etc.)

Produits nouveaux (alcoolisés)

Ils sont fort nombreux, en voici quelques-uns :

Vin partiellement désalcoolisé du type « Lir » 6 % Vol. Pour ce type de produits, vous ne pouvez en aucun cas les faire figurer sur votre carte parmi les vins. Il faut les présenter sous la mention : « boisson fermentée à base de raisin ».

Prémix : cette famille regroupe des boissons provenant du mélange d'une boisson alcoolisée (vodka, whisky, rhum…) et d'une boisson non alcoolisée (soda, coca…).

Bien qu'il ne s'agisse pas d'un produit nouveau, peut également être cité le « pétillant de raisin » élaboré exclusivement à partir de raisins frais ou de moûts de raisin. Il présente un titre alcoométrique volumique acquis supérieur à 1 % et ne dépassant pas 3 %, l'anhydride carbonique et l'alcool, ne peuvent provenir que de la seule fermentation des produits mis en œuvre.

À signaler également les « produits aromatisés à base de vin ». Ils ont connu beaucoup de succès aux USA sous le nom de « Wine Coolers ».

10. Les boissons non alcoolisées

Elles peuvent être classées en deux grandes catégories : les **boissons froides** et les **boissons chaudes.**

Boissons froides

EAUX

Le restaurateur est amené à servir régulièrement de l'eau à ses clients. Il paraît donc souhaitable d'apporter quelques précisions sur cette boisson. Toute eau livrée à la consommation doit être potable et respecter des **critères réglementaires** (critères physiques, chimiques et microbiens). Mais les eaux potables ne sont pas toutes identiques. Il y a des eaux « dures » et des eaux « douces ». Les eaux ayant traversé certains terrains calcaires sont dures, elles sont riches en sels de calcium et de magnésium. Celles provenant de terrains granitiques sont douces.

Le restaurateur est tenu de fournir une carafe d'eau si le client la lui demande. Mais de plus en plus de clients commandent de l'eau conditionnée. Cette dernière peut être classée en trois catégories :

- **Eaux de table :** eaux potables simplement conditionnées.
- **Eaux de source :** elles ont une origine déterminée et sont naturellement potables. Elles ne peuvent être commercialisées qu'après avoir obtenu une **autorisation préfectorale.**

Pratiquement chaque région produit de l'eau de source. En restauration, il serait souhaitable de privilégier les sources locales.

- **Eaux minérales :** elles ont des propriétés thérapeutiques. Elles sont autorisées et contrôlées par le **Ministère de la santé.** Elles sont plus ou moins minéralisées. Certaines peuvent comporter des contre-indications. Il faut éviter de les boire journellement sans contrôle médical.

Parmi les eaux minérales les plus vendues en restauration, citons : Evian (Haute-Savoie) et Volvic (Puy-de-Dôme) faiblement minéralisées, Vittel et Contrexéville (Vosges) fortement minéralisées, Badoit (Loire) qui contient du fluor, Vichy (Allier) fortement minéralisée, Perrier (Gard). Watwiller (Alsace), etc.

Quelques eaux étrangères vendues en restauration : Apollinaris (Allemagne), San Pellegrino, Aqua Panna (Italie), Henniez (Suisse).

L'eau et la carte des boissons :

Certains restaurants proposent à leurs clients une « **Cartes des eaux** ». C'est une excellente initiative !

Restaurateurs : Attention à la répression des fraudes : trop souvent, on trouve sous la rubrique « Eaux minérales » des eaux de source. Apprenez à lire les étiquettes. Attention également à ne jamais mettre d'eau du robinet dans une bouteille d'eau conditionnée, même pour arroser les fleurs...

PHOTO : BRUNET

Eaux de source

PHOTO : BRUNET

Eaux minérales

JUS DE FRUITS ET BOISSONS À BASE DE FRUITS

Les jus de fruits et les boissons à base de fruits sont très consommés en restauration.

Le restaurateur se doit d'être très vigilant sur le respect des différentes dénominations.

En effet, la législation française est l'une des plus sévères au monde sur les appellations des jus de fruits et boissons aux fruits. Il est impératif, sous peine de se retrouver au tribunal, de bien faire la distinction entre les différentes catégories.

Quelques définitions [1]

Jus de fruits :

- Soit le produit de la pression du fruit par un procédé mécanique,
- Soit la reconstitution du jus à partir de concentré par addition du même volume d'eau que celui évaporé lors de la concentration et réincorporation des arômes éventuellement récupérés lors de la concentration. Dans ce cas, le produit est étiqueté « jus de fruit à base de jus concentré ». Il ne faut donc pas confondre les produits suivants :

▸ 100% PUR JUS véritable jus de fruit pressé, sans aucun additif autorisé. Il ne peut pas provenir d'un jus concentré. Pour assurer leur conservation, ils sont soit pasteurisés, soit vendus au rayon frais avec une date limite de fraîcheur.

▸ Jus à base de concentré (A.B.C.)

Produit obtenu à partir de jus de fruit par évaporation d'une partie de l'eau de constitution du fruit.

▸ Nectars de fruits

Nectar

Mélange de jus, d'eau et de sucre. Le pourcentage de jus de fruit est variable selon les fruits (25 à 50 % minimum).

▸ Boissons aux fruits ou B.A.F.

Elles sont constituées d'un mélange de jus (10 % minimum), d'eau, de sucre, d'extraits végétaux et d'additifs autorisés et, pour les boissons gazéifiées, de gaz carbonique.

(1) Si un client demande un jus de fruits (orange, pamplemousse, etc.), vous ne devez pas lui servir un nectar ou une boisson aux fruits. Attention à la répression des fraudes !

Ces logos ne peuvent pas être utilisés pour un jus reconstitué à partir de concentré.

100 % pur jus

Jus à base de concentré

AUTRES BOISSONS FROIDES

Les boissons rafraîchissantes sans alcool

Dans cette catégorie, il existe de très nombreux produits, parmi lesquels on peut citer :

La limonade : boisson gazéifiée et sucrée.

Les sodas : boissons gazéifiées, sucrées et parfumées.

Les tonics : boissons gazéifiées, édulcorées et amères (Schweppes, Canada dry, etc.).

Les limes : boissons au citron vert (Sprite, Seven-Up, etc.).

Les colas : boissons gazéifiées et généralement sucrées, les colas sont élaborés à base de substances végétales (Coca-Cola, Pepsi-Cola).

Les sirops

Les sirops sont des boissons fortement sucrées et aromatisées. Il existe deux grandes catégories de sirops : ceux élaborés à base de fruits naturels (cassis, fraise, framboise,...) et ceux élaborés à partir d'extraits. Les sirops doivent être consommés rapidement, sinon ils risquent de s'altérer. Généralement, le nom du produit de base est indiqué à la suite du mot sirop.

Vin sans alcool

Contrairement à ce qui est souvent proposé, il faut savoir que, légalement, le « vin sans alcool » n'existe pas. En revanche, on trouve, de plus en plus fréquemment, sur le marché des ***« boissons à base de vin désalcoolisé »***.

Boissons chaudes

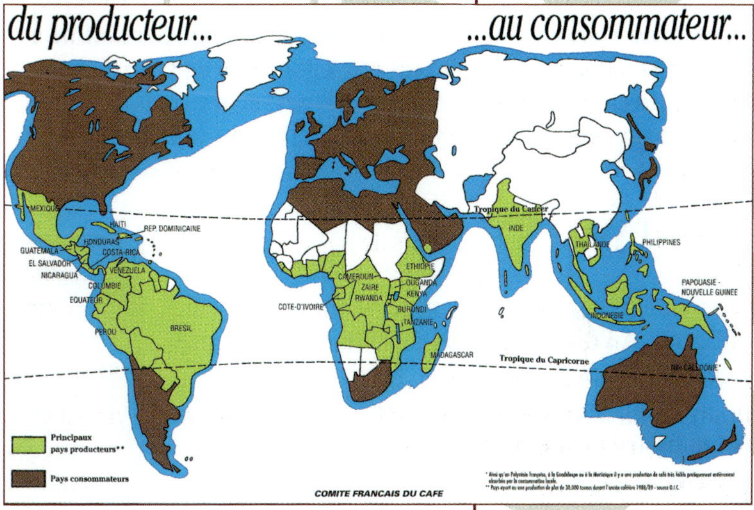

SOURCE : COMITÉ NATIONAL DU CAFÉ

CAFÉS

Selon les sources, le café est originaire soit d'Ethiopie (Afrique), soit du Yémen.

C'est à partir du XVe siècle qu'il se répandit dans tout l'Orient. Il fut introduit en France vers 1643.

Au restaurant, la qualité et le service du café doivent faire l'objet d'une attention particulière. En effet, le café est souvent la conclusion d'un repas. Or, savoir conclure est un art, la dernière impression ressentie est souvent déterminante. Que de bons repas gâchés par un service du café qui laisse à désirer (produit de mauvaise qualité, pas assez chaud, tasse ébréchée, ...).

Différentes variétés de café

Il existe une cinquantaine de variétés de café mais deux sont communément utilisées : l'Arabica et le Robusta.

L'Arabica : il représente 75 % de la production mondiale. Il pousse en altitude dans des régions de hauts-plateaux (Amérique du Sud, Amérique Centrale, Afrique Orientale, Asie et Océanie). Il a une teneur moyenne en caféine inférieure au Robusta.

Le Robusta : il est cultivé depuis le niveau de la mer jusqu'à 600 mètres d'altitude en Afrique, en Indonésie, au Brésil. Cette variété est plus robuste que l'Arabica, d'où son nom. Il a une teneur en caféine élevée.

Différentes intensités de torréfactions

SOURCE : COMITÉ NATIONAL DU CAFÉ

En restaurant, il faut veiller particulièrement :

- **Au choix du café :** vouloir réaliser une économie de quelques centimes d'euro sur un kilo de café peut compromettre la qualité.
- **Au stockage :** le café doit être stocké à l'abri de l'air, de la lumière et de l'humidité, de préférence dans un endroit frais. Toujours à l'écart des produits à odeurs fortes.
- **À la mouture :** cette dernière doit être adaptée à la machine ou au type de cafetière utilisée.

Quelques conseils

Utilisez toujours un café fraîchement torréfié.

Ne servez jamais un café réchauffé.

Ne servez jamais un café dans une tasse ébréchée*.

Ce qu'il ne faut pas faire !

PHOTO : BRUNET

Ne prenez jamais la tasse à pleine main (elle a une anse) sinon, vous posez vos doigts à l'endroit où le client posera ses lèvres*.

** Ces erreurs sont encore trop fréquentes !*

Que devez-vous servir ? Si le client vous demande un :

Expresso : café noir fort, avec la mousse formée par la machine.

Crème : café accompagné de crème liquide.

Moka : type de café Arabica, originaire du Yémen ou d'Ethiopie.

Cappuccino : café expresso auquel on ajoute une quantité égale de lait mousseux chauffé à la vapeur. Saupoudrez de chocolat en poudre.

Café viennois : café fort nappé d'une couche de crème chantilly très épaisse.

Café Irlandais (Irish coffee) : café très chaud, sucre, whiskey irlandais, crème fraîche. La crème doit rester à la surface du verre.

Décaféiné : un café dont on a extrait la caféine. **Attention :** arrivé à la table du client, il faut être en mesure de faire la différence entre le décaféiné et les autres cafés, si vous en avez plusieurs sur le plateau. S'il n'y a pas de décaféiné dans la maison, dites-le au client !

THÉS ET INFUSIONS

THÉS

C'est en Orient que le thé est né, il y a plus de cinq mille ans. À l'origine, il était considéré comme « précieuse médecine ».

Breuvage préféré des Britanniques, le thé est une des boissons les plus consommées dans le monde. Les principaux pays producteurs sont : l'Inde, la Chine, le Sri Lanka (Ceylan), le Kenya, l'Indonésie, le Japon…

Le théier n'est cultivé que dans des pays chauds et humides. C'est un arbuste dont on cueille le bourgeon terminal de chaque tige et les feuilles qui le suivent. Une fois cueillies, les feuilles doivent être traitées rapidement. Le thé subit cinq opérations : flétrissage, roulage, fermentation qui permet d'obtenir la couleur brune, dessication et triage. Il faut faire une distinction entre le thé noir et le thé vert. Ce dernier ne subit pas de fermentation.

SOURCE : LE PALAIS DES THÉS - STRASBOURG - PHOTO : BRUNET

Des boutiques spécialisées proposent plusieurs centaines de thés différents.

À chaque heure, son thé

- Pour le matin, un thé corsé, par exemple un « Brocken Orange ».
- Pour l'après-midi, un thé doux, type « Orange Pekoe », parfumé ou non.
- Au cours d'un dîner, un thé de Chine.
- En fin de soirée, un « Darjeeling », fin et aromatique.

5 règles pour préparer un bon thé

1 - Ébouillanter la théière.
2 - Mettre une cuillère à café de thé par personne, plus une pour la théière.
3 - Verser sur le thé l'eau frémissante.
4 - Laisser infuser 3 à 5 minutes.
5 - Servir après avoir bien remué. S'il reste du thé, retirer les feuilles pour la deuxième tasse.

PHOTO : BRUNET

INFUSIONS (TISANES)

Chacun connaît l'action bénéfique des infusions : apaisante, relaxante, digestive, ...

Au restaurant, surtout le soir, de nombreux clients commandent des infusions. Il faut être en mesure de proposer les infusions classiques : tilleul, tilleul-menthe, verveine, verveine-menthe, camomille... mais aussi quelques préparations originales : mélisse, romarin, etc.

Tous ces produits sont généralement proposés en infusette (petit sachet individuel).

Comme pour le thé et le café, veillez à ce que les tasses (chaudes) soient d'une propreté irréprochable et qu'elles ne soient pas ébréchées.

Infusions

CHOCOLAT

De nos jours, le chocolat est très apprécié, non seulement au petit déjeuner mais aussi tout au long de la journée.

Origine

C'est Christophe Colomb qui fit découvrir le cacao au monde occidental. Lors d'un de ses voyages sur le continent américain, les indigènes lui offrirent différents présents dont « ... une sorte d'amande qui leur sert de monnaie et avec laquelle ils préparent une boisson délicieuse ».

Une quinzaine d'années plus tard, lorsque Cortez accosta au Mexique, l'Empereur aztèque Moctezuma lui offrit une boisson exquise préparée à partir des fruits du cacaoyer. Cortez rapporta cette boisson à la cour d'Espagne où elle fut très appréciée. Ce sont les Espagnols qui ont eu l'idée d'y ajouter du sucre pour compenser l'amertume.

Pendant très longtemps, cette boisson fut réservée à une élite.

Le cacao est élaboré à partir des fruits d'un arbre tropical, le cacaoyer. Le fruit est appelé « cabosse », il contient une pulpe qui renferme les « fèves ». Ces fèves sont mises à fermenter, ensuite elles sont séchées, torréfiées, puis broyées. On obtient alors le beurre de cacao et une poudre qui constitue la base du cacao et du chocolat.

SOURCE : CACAO BARRY

Cacaoyer

Chocolat ou cacao ?

Cacao et chocolat ne sont pas synonymes. Le cacao est constitué de poudre de cacao et de beurre de cacao, il ne contient pas de sucre. Il est amer. Le chocolat en poudre est constitué de sucre et de cacao (32 % minimum de cacao). Les meilleurs cacaos proviennent du Venezuela, de l'Équateur, des Caraïbes, du Brésil...

Pour obtenir un délicieux chocolat chaud, il faut mettre 3 cuillères à café de chocolat en poudre dans une tasse et délayer avec du lait très chaud.

SOURCE : CACAO BARRY

Cabosses et fèves à l'intérieur

11 - Les boissons et la loi

En France, de nombreux textes régissent la commercialisation des boissons. Il n'est pas question de tous les présenter dans cet ouvrage. Nous allons donc nous limiter à mettre en évidence quelques règles que l'on n'a pas le droit d'ignorer dans le travail de tous les jours : groupes de boissons et licences, différentes catégories de vin, lecture des étiquettes, transport des boissons alcoolisées et fiscalité, élaboration et présentation de la carte des boissons.

Groupes de boissons et licences

En France, les boissons sont classées en 5 groupes[1]

- **1er groupe**

Boissons sans alcool : eaux minérales ou gazéifiées, jus de fruits ou de légumes non fermentés ou ne comportant pas, à la suite d'un début de fermentation, de traces d'alcool supérieures à 1,2 degré, limonades, infusions, lait, café, thé, chocolat, etc.

- **2e groupe**

Boissons fermentées non distillées : vins, bières, cidres, poirés, hydromels, vins doux naturels à A.O.C., crème de cassis et jus de fruits ou de légumes fermentés comportant de 1, 2 à 3 degrés d'alcool.

- **3e groupe**

Vins doux naturels autres que ceux appartenant au groupe 2, vins de liqueurs, apéritifs à base de vins et liqueurs de fraises, framboises, cassis ou cerises, ne titrant pas plus de 18 degrés d'alcool pur.

- **4e groupe**

Rhums, tafias, alcools provenant de la distillation des vins, cidres, poirés ou fruits et ne supportant aucune addition d'essence.

- **5e groupe**

Toutes les autres boissons alcooliques.

(1) Source : services des douanes

La commercialisation des boissons implique d'être titulaire d'une licence.

Il existe 3 types de licences :

a) licences débits de boissons,

b) licences restaurants,

c) licences « à emporter ».

<u>Licences des débits de boissons</u> : Il existe 4 licences pour les boissons à consommer sur place :

- **Licence de 1ère catégorie :** boissons du groupe 1.
- **Licence de 2e catégorie :** boissons des groupes 1 et 2.

AFFICHAGE ET ÉTALAGE OBLIGATOIRES

AFFICHAGE OBLIGATOIRE IVRESSE

- **Affiche sur la répression de l'ivresse publique.**
- **Affiche sur la protection des mineurs contre l'alcoolisme.**

Dans la salle principale de tous cabarets, cafés et autres débits de boissons. Disponibles auprès des services fiscaux moyennant une redevance (art. 558 du Code Général des Impôts).

ÉTALAGE OBLIGATOIRE DE BOISSONS NON ALCOOLIQUES

- Dans tous les débits de boissons, étalage obligatoire en évidence dans les lieux où sont servis les consommateurs de boissons non alcooliques mises en vente dans l'établissement, séparé de celui des autres boissons,
- au moins 10 bouteilles ou récipients et présenter au moins un échantillon des boissons suivantes : jus de fruits, jus de légumes, boissons au jus de fruits gazéifiées, sodas, limonades, sirops, eaux ordinaires gazéifiées artificiellement ou non, eaux minérales gazeuses ou non.

PHOTO : BRUNET

Source: Journal l'Hôtellerie- Restauration

- **Licence de 3e catégorie :** dite licence restreinte : boissons des 1er, 2e et 3e groupes.
- **Licence de 4e catégorie ou grande licence :** les boissons des 5 groupes.

Licences restaurant : Il existe 2 licences de restaurant :

- **La petite licence de restaurant qui** autorise la vente des boissons des groupes 1 et 2*.
- **La grande licence restaurant** qui autorise la vente des boissons des 5 groupes*.

**Pour ces licences, les boissons ne peuvent être servies qu'à l'occasion des repas* principaux et comme accessoire de la nourriture.*

Licences : « à emporter ». Il existe 2 licences « à emporter » :

- **Petite licence** (1er et 2ème groupe)
- **Grande licence** (toutes boissons autorisées).

N.B. : Les établissements titulaires d'une licence « à consommer » sur place ou d'une licence restaurant, peuvent vendre « à emporter » les boissons correspondant à la catégorie de licence.

Différentes catégories de vins

(Voir chapitre 6 page 31)

SAVOIR LIRE UNE ÉTIQUETTE

Il est absolument indispensable pour un restaurateur de savoir lire une étiquette car elle constitue la « carte d'identité du vin ». Cette connaissance lui évitera bien des problèmes au niveau de l'élaboration de la carte des vins et de la présentation des vins aux clients. Elle peut également lui éviter de se retrouver sur les bancs d'un tribunal comme cela arrive très souvent.

La réglementation de l'U.E. a arrêté 2 listes de mentions :

- L'une concerne les mentions obligatoires.
- L'autre les mentions facultatives.

Mentions obligatoires :

Pour les vins bénéficiant d'une appellation d'origine : nom de l'appellation - volume nominal - titre alcoométrique - nom ou raison sociale de l'embouteilleur - le nom du pays d'origine pour l'exportation - l'adresse de l'expéditeur et du lieu d'expédition - la qualité de l'embouteilleur, du conditionneur ou de l'expéditeur - pays d'origine - numéro de lot - avertissement femme enceinte, sulfites (voir contre étiquette).

Mentions facultatives :

Couleur du vin - type ou produit - teneur en sucre résiduel - mode d'élaboration - année de récolte - cépage(s) - mentions traditionnelles - nom d'une unité géographique - marque commerciale - nom et adresse des participants au circuit commercial - nom de l'exploitation viticole - mentions relatives à la mise en bouteilles - distinction officiellement décernée au vin - conseils aux consommateurs - arguments commerciaux (vin issu de l'agriculture biodynamique, de l'agriculture biologique…) - numéro de bouteille attribué par l'embouteilleur - vieilli en fûts de chêne - etc.

Bien évidemment, ces mentions facultatives doivent répondre à des normes très strictes.

De nos jours, de nombreuses mentions figurent sur une contre-étiquette.

Jadis, l'étiquetage était très succinct, voire fantaisiste, le nom du producteur, la teneur en alcool, la contenance, etc n'y figuraient pas.

Étiquette actuelle pour un vin de Mâcon

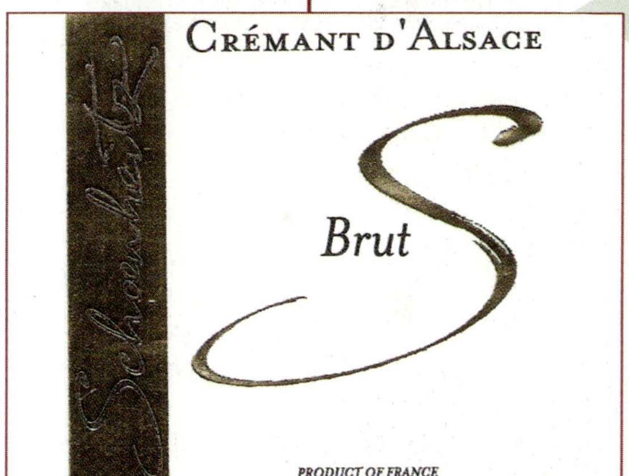

Les contre étiquettes sont de plus en plus présentes au dos des bouteilles. Elles regroupent les mentions obligatoires et des informations sur l'élaboration, le service et les accords.

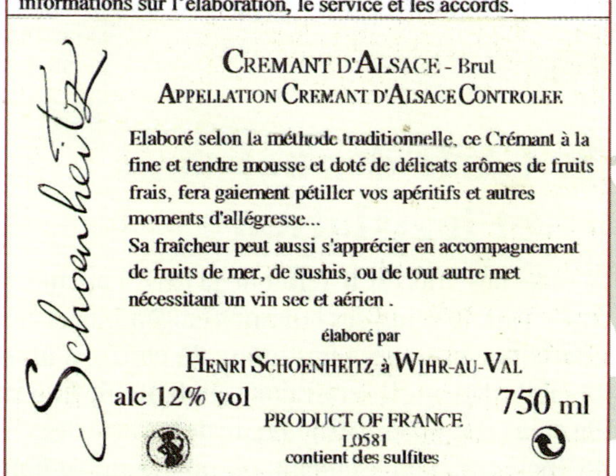

Nouvelles mentions : Avertissement femmes enceintes, présence ou non de sulfites.

Transport des boissons alcoolisées et fiscalité

Le transport des boissons alcoolisées est soumis à un régime spécifique. Il fait l'objet de taxes fiscales. Ces taxes sont généralement matérialisées soit par une C.R.D. (Capsule Représentative des Droits) souvent appelée « capsule-congé », soit, plus rarement, par un D.A.A. (Document d'Accompagnement Administratif) ou un D.S.A. (Document Simplifié d'Accompagnement).

Transporter du vin, et à plus forte raison des eaux-de-vie, sans document d'accompagnement est assimilé à une **fraude fiscale.**

La taxation est proportionnelle au volume du produit et à sa catégorie. Lors de la réception des vins, il faut impérativement vérifier si les bouteilles sont munies d'une C.R.D. (ce qui est généralement le cas).

Une C.R.D. comporte les mentions suivantes : République Française et l'effigie de Marianne, le sigle D.G.D.D.I. (Direction Générale des Douanes et Des Impôts indirects), la capacité et l'identification du récoltant ou du négociant.

La couleur des documents varie en fonction du type de produits transporté : - **vert :** vin à appellation d'origine (A.O.C. et A.O.V.D.Q.S.) - **bleu :** vin de table, y compris les vins de pays, - **violet :** cidre - **orange :** vins de liqueur bénéficiant d'une appellation d'origine, - **Or :** cognac et armagnac, - **rouge :** rhums traditionnels des DOM/TOM, - **blanc :** autres alcools.

Comment lire une étiquette

Vin d'Appellation d'Origine Contrôlée (AOC)

Carte des boissons et législation

La carte des vins est le reflet de la cave à la table du client. Or, comme chacun le sait, la vente des boissons en général, et celle des vins en particulier, génère une part très importante du chiffre d'affaires, quel que soit le type d'établissement. Il serait donc souhaitable que la présentation irréprochable et la mise à jour permanente de la carte des vins ne soient pas l'apanage de quelques établissements où officie un sommelier ou un(e) professionnel(le) qui a fait du vin « sa passion ».

De nombreux textes (lois, décrets,...) régissent la présentation de la carte des boissons. Il ressort des textes en question :

- que l'établissement d'une carte des boissons ou d'un tableau d'affichage est obligatoire,
- qu'il faut impérativement éviter toute présentation étant de nature à créer une opinion erronée ou une confusion dans l'esprit du consommateur,
- tous les produits figurant sur une carte affichée à l'extérieur doivent être disponibles sous peine de poursuite pour publicité mensongère (attention aux vins épuisés qui figurent encore à la carte).

QUELQUES CONSEILS

Il n'y a pas d'obligation quant à la classification des vins à l'intérieur de la carte ou du tableau. En revanche, toute confusion résultant de la dite classification est sanctionnée.

Il faut donc veiller tout particulièrement à :

- Faire figurer les vins et autres produits sous leur appellation exacte. En cas de doute, vérifier l'étiquette.

Dans le cas de vins vendus sous une marque déposée (Mouton-cadet, Kritter, Tauzia, Aussay, etc.), cette indication ne suffit pas. Il faut préciser l'appellation ou la catégorie du vin.

- Ne pas faire figurer des produits sans appellation parmi ceux qui en bénéficient.
- Ne pas confondre le domicile du vendeur avec l'appellation.
- Classer à part les vins de table.

Cette liste n'est pas limitative.

Comment lire une étiquette

Vin de pays

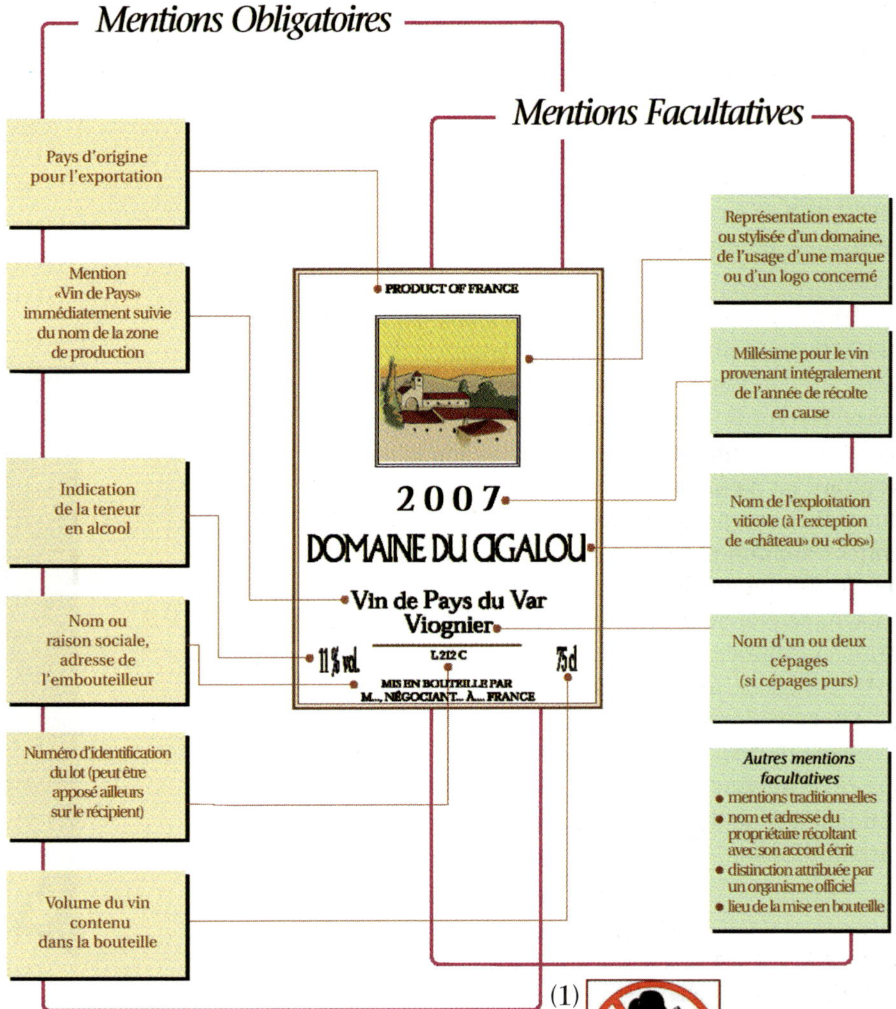

(1)

Nouvelle mentions :
- avertissement femmes enceintes (1)
- présence de sulfites (voir contre étiquette page 95)

SOURCE : VINIFLHOR

INDICATIONS À FAIRE FIGURER À LA CARTE

Mentions obligatoires sur la carte des vins : Elles portent essentiellement sur : la dénomination de vente, la quantité servie et l'indication des prix.

- **LA DÉNOMINATION DE VENTE :** dénomination exacte à laquelle le vin peut prétendre, que ce vin soit proposé en bouteille, en carafe ou au verre. Pour les vins qui bénéficient d'une APPELLATION D'ORIGINE, bien préciser s'il s'agit d'une ***A.O.C.*** ou d'une ***A.O.V.D.Q.S.*** (pour éviter toute erreur, il suffit de se reporter à l'étiquette). Pour les *VINS DE PAYS*, la dénomination exacte (il s'agit d'une dénomination, pas d'une appellation) sous laquelle le vin est commercialisé (dénomination régionale, départementale ou de zone) doit être précisée. Rappel : au regard de la législation, les vins de pays sont des vins de table. Il ne faut pas les classer parmi les vins qui bénéficient d'une appellation d'origine. Pour les *VINS DE TABLE* proprement dits (qui doivent également être classés à part), il faut préciser la provenance : indication du pays si le vin provient d'un seul pays, ou, si c'est le cas, « mélange de vins de table des différents pays de la Communauté Européenne».

- **La QUANTITÉ SERVIE :** contenance de la bouteille ou de la carafe : magnum, litre, 75 cl, 50 cl, 37,5 cl, 62 cl pour le vin jaune... Pour les vins servis au verre, le nombre de centilitres.
- **Les PRIX DE VENTE TTC** : pour chaque vin proposé (bouteille, pichet, verre...).
- L'indication du degré alcoolique pour les vins de table proprement dits.

Mentions facultatives (mais souhaitables dans la plupart des cas...) :

Couleur du vin - Millésime (attention aux ruptures de stocks ou aux indisponibilités) - Nom de l'exploitation (Domaine, Château, Clos, etc.) - Cépage(s). Marque commerciale, récompenses, conseils accords vins et mets, etc.

Dans la plupart des cas, il serait souhaitable d'indiquer le nom du récoltant ou du négociant.

PHOTO : BRUNET

ERREURS À ÉVITER

Indépendamment de l'erreur courante qui consiste à faire figurer des vins sans appellation parmi ceux qui bénéficient d'une appellation d'origine, d'autres erreurs se retrouvent assez fréquemment sur les cartes des boissons. Exemples : Monbazillac parmi les vins de Bordeaux, Côteaux au lieu de Coteaux, Rosé de Provence au lieu de Côtes de Provence rosé, vin sans alcool (alors que cette boisson n'a pas d'existence légale), Blanc de blanc au lieu de blanc de blancs, Rosé du pays ou Cuvée du patron, sans autre indication, Pouilly tout court. Etc.

Liste non limitative.

LA CARTE ET LES BOISSONS AUTRES QUE LES VINS

Bien évidemment, la législation sur les boissons ne se limite pas aux vins, elle concerne toutes les boissons, alcoolisées ou non, servies dans l'établissement.

Il faut être particulièrement vigilant pour les eaux et les jus de fruits. Il ne faut pas confondre eau de table, eau de source et eau minérale ; jus de fruits, boisson à base de fruits et nectar *(pour plus d'informations, reportez-vous au chapitre « Boissons sans alcool »).*

Si « fine champagne V.S.O.P. » figure à la carte, vérifiez bien que vous servez une « fine champagne » et pas un autre cognac, vérifiez également qu'il s'agit bien d'un V.S.O.P.. Si un whisky est présenté à la carte comme « single malt », vous ne devez pas servir un « pur malt ». D'autre part, attention, tous les whiskies ne sont pas des « scotch » *(pour plus d'informations, reportez-vous au chapitre « Boissons alcoolisées – les eaux-de-vie »).*

PHOTO : BRUNET

Pour éviter les erreurs sur la carte des vins : si vous avez le moindre doute, n'hésitez pas à vérifier avec l'étiquette (elle constitue la carte d'identité du vin).

12. La commercialisation et le service

Au restaurant, qui sert les boissons ?

À cette question, une réponse vient tout de suite à l'esprit : le sommelier. Soit ! Mais rares sont les établissements qui bénéficient des services d'un tel spécialiste, même si, cette profession en voie de disparition au début des années 1960, a retrouvé un nouvel élan. Qui plus est, de nos jours, les femmes sont de plus en plus présentes, à la grande satisfaction des clients et des employeurs. Actuellement, en France, il y a environ 1500 sommeliers professionnels. Ce renouveau s'explique, en partie, par l'organisation de nombreux concours, dont certains sont réservés aux jeunes (Trophée du Meilleur Jeune Sommelier de France, Grand Prix Chapoutier, Sud-Ouest, Val de Loire, etc.).

Mais malgré l'augmentation constante du nombre de sommeliers, la plupart des établissements n'en ont pas ou pas encore. Dans ces restaurants, nombreux sont ceux (maître d'hôtel, chef de rang, serveur) qui, chaque jour, doivent en remplir les fonctions. **Il semble donc important de préciser le rôle, les qualités indispensables et les objectifs de la personne responsable de la vente et du service des boissons.**

RÔLE

- Conseiller le client, en tenant compte des plats commandés, de ses goûts, mais aussi du contexte (repas d'affaires, repas familial, ...). Au moment du conseil, il faut avoir le sens de la mesure et se souvenir qu'un bon Bordeaux ne signifie pas forcément un « Château Margaux ».
- Effectuer la mise en place de la cave du jour (renouvellement des stocks, température) et du matériel.
- Effectuer le service des boissons.
- Participer à l'élaboration et à la mise à jour de la carte des vins.
- Éventuellement : collaborer aux achats et participer au travail de la cave centrale (réception, inventaires, ...).

QUALITÉS ET COMPORTEMENT

Le sommelier ou la personne responsable du service des boissons doit posséder les qualités physiques, morales et intellectuelles propres à tout le personnel de la restauration : disponibilité, discrétion, efficacité, courtoisie, etc.

Mais il doit également être sobre, avoir l'esprit d'initiative, connaître les boissons qu'il propose (sans pour autant faire preuve de suffisance en « étalant » ses connaissances). Il doit être en mesure de s'exprimer en une ou deux langues étrangères.

Serge Dubs, Meilleur Sommelier du Monde

AVEC L'AIMABLE AUTORISATION DE BRIGITTE LELOUP

Les femmes sont de plus en plus présentes.

Mise en place de la cave du jour

OBJECTIFS

Assurer la commercialisation des boissons avec le souci constant de satisfaire le client tout en respectant les intérêts de son employeur.

- ***Satisfaction du client :*** en lui conseillant des vins en rapport avec les mets choisis, mais aussi avec son budget, en répondant sans hésitation à toutes ses questions, en lui faisant découvrir des vins, ou d'autres boissons, qui sortent des sentiers battus, en l'incitant à tenter quelques expériences telles que vin blanc sur certains fromages ; V.D.N., vieil Armagnac ou liqueur à base d'orange sur une préparation au chocolat, etc. ; en lui donnant l'impression d'être « la personne la plus importante de la maison » pour reprendre une formule célèbre.
- ***Respect des intérêts de l'employeur :*** en aidant la Direction à découvrir les produits qui présentent le meilleur rapport qualité/prix, - en assurant une bonne « gestion » de la cave, - en essayant d'augmenter le chiffre d'affaires et d'améliorer la rentabilité, - en fidélisant la clientèle…

En contrepartie, la Direction lui donnera les moyens et les supports nécessaires pour lui permettre d'exploiter ses connaissances et son esprit d'initiative. D'autre part, pour atteindre les siens, il devra être informé des objectifs commerciaux de l'établissement.

« Jardin des remparts » À la Cour d'Alsace - Obernai

La carte des boissons

La carte des boissons est le reflet de la cave sur la table du client. Elle est établie par/ou en collaboration avec la direction. Doivent être pris en compte : la classe de l'établissement, la situation géographique, la clientèle, le type de cuisine, la qualité de la cave, la politique d'achat (qui dépend souvent des possibilités financières). Comme nous l'avons vu dans la partie « les boissons et la loi », la carte des boissons doit être claire, précise, bien présentée, logiquement ordonnée et surtout ne prêter à aucune confusion.

Attention à l'aspect législatif.

(Voir « Carte des boissons et législation » page 96 et 97).

Une bonne carte n'est pas nécessairement celle où figure un nombre impressionnant de vins et autres boissons. Ce type de carte est souvent l'apanage des grandes maisons où officie un sommelier, éventuellement, d'établissements plus modestes où le patron ou la patronne sont des passionnés de vin.

Une carte plus modeste suffit très souvent à satisfaire la clientèle. Surtout si cette carte est « évolutive ». Si elle propose « le vin du jour, du moment ou de la semaine ».

Cette formule est très appréciée des clients, surtout si certains vins sont proposés au verre. Cela permet de faire découvrir des vins qui sortent des sentiers battus : Chinon blanc, Pacherenc-du-Vic-Bilh, Beaujolais blanc, Saint-Amour le jour de la Saint-Valentin, vins étrangers, etc.

Problème des vins épuisés

Avant chaque service, les cartes des boissons doivent être vérifiées. Elles doivent être d'une propreté irréprochable (pas de souillures ou de traces de doigts sur la couverture).

Toutes les boissons proposées doivent être disponibles, sous peine de poursuites pour publicité mensongère. Il faut porter une attention particulière à la concordance des millésimes annoncés.
De nos jours, ce travail est grandement facilité par l'informatique.

La prise de commande

Il s'agit d'un moment très important. Il est donc indispensable de rappeler quelques règles simples.
Évitez la formule : « Pour les vins qui prend la responsabilité ? »
Dites plutôt : « À qui puis-je confier la carte des vins ? »
Après avoir donné la carte, laissez le temps au client de la consulter avant d'intervenir, sauf s'il vous demande conseil au moment de la remise de la carte.

PRÉSENTATION DE LA CARTE AU CLIENT

À quel moment ? Il serait souhaitable qu'elle soit remise en même temps que la carte des mets. Cela nécessite d'avoir un nombre de cartes suffisant. Ce qui n'est pas toujours le cas. D'autre part, lorsqu'un couple se trouve au restaurant, il est surprenant, voire choquant, qu'en règle générale, la carte des vins soit remise à l'homme. Pourquoi ne pas demander qui va effectuer le choix ? L'effet de surprise passé, les femmes y sont très sensibles et la plupart des hommes apprécient...

PHOTO : BRUNET

Vous devez être au courant du menu commandé et de la composition des différents plats.
Deux cas de figure peuvent se présenter : **le client a choisi sans hésiter.** Confortez-le dans son choix, surtout s'il est avec des invités. Ne dites jamais « moi à votre place je n'aurais pas pris ce vin ». Si le choix ne vous paraît pas judicieux et que vous connaissez le client, vous pouvez, éventuellement, lui demander au moment du départ (à l'écart de ses invités) si l'accord lui a plu et en discuter avec lui.
Le client vous demande conseil (ce qui est le plus fréquent). **Écoutez** ce qu'il vous dit, essayez de **cerner ses attentes**, observez discrètement ses invités (âge, comportement, ...), **questionnez** (sur les préférences éventuelles : type Bordeaux, Bourgogne ? Ce qui ne veut pas dire que vous proposerez un vin de Bordeaux ou un vin de Bourgogne, ...), **reformulez.**
Dans tous les cas : ayez le sens de la mesure (comme nous l'avons déjà signalé).

Évitez les mots et les formules négatives

Un petit apéritif, un petit vin, un vin marqué par l'acidité (dites : frais). « Désirez-vous un petit alcool pour terminer votre repas ? » Dites, par exemple : « Pour bien terminer votre repas, je vous propose un très bel assortiment de digestifs ».
Attention après la prise de la commande vous devez assurer la continuité du service jusqu'au départ du client.

Service : règles essentielles, choix des verres, température...

Il n'est pas admissible que dans certains restaurants, aussi modestes soient-ils, les règles essentielles du service ne soient pas respectées.

RÈGLES ESSENTIELLES

Déboucher toutes les bouteilles devant le client après les lui avoir présentées. Couper la capsule sous la bague, jamais au-dessus.

Sentir le bouchon, goûter le vin. Doit-on goûter tous les vins ? Les avis sont partagés, mais le bon sens peut aider à répondre à cette question. Pour les vins servis journellement, le test du bouchon suffit. En revanche, pour les vins servis plus rarement, il est normal et même souhaitable de prendre un petit peu de vin dans un verre et de le goûter. Pour un vieux vin, cela devient indispensable car le vin peut être flatteur au nez et décevant en bouche.

Faire goûter à la personne qui a commandé. Puis servir les autres convives.

Ne pas remplir les verres (les 2/3 constituent un maximum).

La main ne doit jamais cacher l'étiquette.

Ne pas oublier de resservir la personne qui a goûté.

TEMPÉRATURE DE SERVICE

Reportez-vous au chapitre 5, vous y trouverez les températures idéales pour chaque type de vins (sec, moelleux ...) et au chapitre 8 pour les températures idéales de service pour les vins des différentes régions françaises.

En résumé :

Les vins blancs doivent être servis frais, entre 8 et 12 °C pour les vins secs, 6 à 8 °C pour les vins moelleux ou liquoreux.

Les vins rouges se servent généralement chambrés mais jamais au-delà de 18 °C. Les vins jeunes se servent plus frais (12 à 15 °C) que les vins vieux.

(Voir pour chaque région la partie « service »)

CHOIX DES VERRES

Ce choix est primordial. Que de grands vins ne peuvent s'exprimer pleinement parce que servis dans des verres inadaptés !

Le verre type « I.N.A.O. », utilisé pour les dégustations officielles dans la plupart des pays du monde, peut être utilisé en restauration, surtout pour le service du vin au verre, Mais depuis quelques années, on trouve sur le marché un grand choix de verres spécialement conçus pour la restauration. Il n'y a que l'embarras du choix.

Très important : sur la table, le verre doit être d'une propreté irréprochable et non ébréché. Cela paraît évident, et pourtant...

À QUEL MOMENT DOIT-ON DÉBARRASSER LES VERRES ?

Il faut débarrasser les verres à vin blanc, juste après le service du vin rouge*.

Les verres à vin rouge juste après le service du café*.

Couper la capsule sous la bague, jamais au-dessus.

PHOTO : BRUNET

La main ne doit jamais cacher l'étiquette

PHOTO : BRUNET

PHOTO : BRUNET

SOURCE : ARCOROC

*Deux cas de figure peuvent se présenter : le verre est vide, pas de problème ; il reste du vin dans le verre, il faut alors poser la question au client : « Puis-je me permettre de vous débarrasser ? »

LE DÉCANTAGE ET LE PASSAGE EN CARAFE

Il ne faut pas confondre ces deux opérations. Le décantage est l'opération qui consiste à transvaser le vin dans une carafe pour le débarrasser de son dépôt. Il s'effectue généralement sur des vins ayant subi un long vieillissement en bouteilles.

Le passage en carafe s'effectue généralement sur des vins qui ont besoin d'être aérés, des vins encore un peu trop tanniques, des vins dont le nez ne s'exprime pas pleinement, des vins encore « sur la réserve ». Certains vins blancs gagnent à être passés en carafe.

PHOTO : BRUNET

Pour un passage en carafe, l'utilisation de la bougie ne se justifie pas.

COMMENT DÉCANTER

Apporter délicatement la bouteille à la table du client dans la position qu'elle occupait à la cave.

Présenter et déboucher la bouteille comme indiqué précédemment, sans la remuer, goûter le vin.

Prendre une carafe ou une aiguière, puis procéder au décantage proprement dit, en prenant la carafe d'une main, la bouteille de l'autre et en transvasant délicatement le vin. Dans le cas d'un décantage, le vin doit glisser le long des parois de la carafe. Durant toute cette opération, une bougie allumée est placée sous l'épaulement de la bouteille. Elle va permettre d'apercevoir, par transparence, l'arrivée du dépôt. Au moment précis où il va s'engager dans le goulot de la bouteille, celle-ci doit être relevée d'un geste rapide.

Attention à ne pas laisser trop de vin dans la bouteille.

Laisser toujours la bouteille à la vue du client.

Ne jamais souffler la bougie. Il faut l'éteindre avec les doigts.

Observations : dans la cas d'un passage en carafe, il est inutile d'utiliser une bougie. D'autre part, le vin peut être versé plus rapidement dans la carafe car l'objectif est de l'aérer.

Tradition et modernité

VINS DE VAL DE LOIRE EN BIB DE 3 LITRES

PHOTO : BRUNET - LOIRE VALLEE 49750

Accords mets et boissons

Au chapitre 8, des accords sont proposés pour chaque région étudiée (avec mise en évidence des accords : spécialités et vins de la région). Néanmoins, il semble nécessaire de revenir sur quelques points essentiels.

Trop souvent, les accords vins-mets sont abordés avec des positions trop figées : vin rouge avec le fromage, Champagne brut avec le dessert, ... L'expérience prouve que ce ne sont pas toujours les meilleurs accords.

En aucun cas, l'accord des vins et des mets doit être considéré comme un code intangible. Un seul impératif : le plaisir des sens doit aller crescendo. Cela nécessite un minimum de connaissance des vins présentés à la carte, surtout en ce qui concerne le type de vin : vin blanc sec, demi-sec ou moelleux ; vin rouge léger, corsé, souple ou encore marqué par les tanins.

CRITÈRES DE CHOIX :

- Vins disponibles.
- Goût du client (on l'oublie trop souvent).
- Nombre de convives : les très grands vins ne sont bien appréciés qu'en petit comité.
- La composition des plats, des garnitures, ...
- Le type de repas (repas d'affaires, repas familial, ...).
- Le budget disponible(1), heureusement en France nous avons la chance d'avoir des vins pour tous les goûts mais aussi pour toutes les bourses.
- La saison : les vins rouges corsés, généreux s'apprécient mieux en hiver qu'au mois d'août ; lorsqu'il fait très chaud, il est préférable de proposer un vin frais et léger.

(1) Dans l'ouvrage « Le vin et les vins au restaurant ». Éditions BPI (présent dans la plupart des CDI), les accords sont présentés de la façon suivante, pour chaque type de plat : budget limité. budget confortable, proposition originale, vins étrangers, vins de pays.

COMBIEN DE VINS AU COURS D'UN MÊME REPAS ?

Il est difficile de répondre à cette question car tout dépend du menu, des convives, du budget, etc. D'autre part, force est de constater des évolutions dans le temps. Au début du siècle dernier, il n'était pas rare de trouver des menus comportant une dizaine de plats avec autant de vins ! Les menus se sont allégés et la sécurité routière incite à la modération. De nos jours, trois vins au cours d'un repas gastronomique semble une solution raisonnable.

Autre évolution : l'engouement pour le service du vin au verre (ce qui a bien facilité la tâche de la personne chargée de proposer les accords vins et mets). Qui plus est, cette formule, très appréciée par la clientèle, permet au restaurateur de proposer plusieurs vins, même sur un repas simple, et de faire partager plus facilement « ses découvertes » ou de proposer tout un repas autour d'un thème : cépage, région, appellation, etc.

QUELS VINS SERVIR ?

À l'apéritif :

Pour les raisons exposées ci-dessus, de moins en moins de clients prennent l'apéritif. Mais lors de la prise de commande, il faut continuer à le proposer. Très souvent, il suffit d'adapter l'offre : éviter les produits fortement alcoolisés, proposer : des cocktails de jus de fruits, un vin de faible degré (un cerdon du Bugey par exemple) ou le vin qui va accompagner le premier plat.

D'autre part, n'oubliez pas que c'est à l'apéritif que l'on apprécie le mieux un Champagne brut (si le budget est limité, vous pouvez proposer un crémant). Si le vin est de qualité, il n'est pas indispensable d'y ajouter une liqueur ou une crème...

Avec les entrées :

Pour les entrées, reportez-vous aux différents tableaux qui figurent pour chaque région (chapitre 8). En revanche, pour certains mets, les accords ne semblent pas évidents : asperges, avocat, melon, salade, etc.

Reportez-vous à la photos (ci-contre)

Menu servi en 1864

Huîtres
Potages : Bisque d'écrevisses.
Crème froide de volailles
Hors d'oeuvre
Filets de sole à la... (mot illisible)
Saumon sauce hollandaise
Filets de bœuf à la Royale
Petits pois. Épinards Régence
Dindonneau truffé flanqué de cailles
Chaud-froid de perdreaux
Foie gras de Strasbourg
Salades
Fruits
Desserts

Vins

Chablis
Vin de Constance
Château Rayne Vigneau 1859
Château Climens 1852
Musigny 1857
Château Lafite 1851
Château Latour 1847
Château Haut-Brion 1848
Château d'Yquem 1847
Champagne Clicquot

SOURCE : LES VINS DE BORDEAUX / PR. ROGER

Menu servi en 1864

PHOTO : BRUNET

PHOTO : BRUNET

Avec le foie gras, il faut se poser la question de savoir s'il s'agit d'un foie de canard ou d'un foie d'oie ? Il serait souhaitable de connaître son origine : Sud-Ouest, Alsace ? Dans le premier cas, les vins moelleux ou liquoreux (Sauternes, Barsac, Monbazillac, Jurançon,...) constituent souvent l'accompagnement idéal. Pour un foie d'Alsace, prévoir un Gewurztraminer ou mieux un Pinot Gris vendanges tardives. Mais il est également possible de faire preuve d'originalité avec : un Condrieu, un grand Meursault, un Coteaux du Layon, un Château-Chalon, etc. Il est également possible de servir un vin rouge, un vieux Cahors, par exemple, sur un foie gras de canard.

PHOTO : B.RUNET

Avec les huîtres et les fruits de mer un vin blanc sec convient bien. Il en existe dans pratiquement toutes les régions viticoles. Vous pouvez proposer : Sancerre, Muscadet sur lie, Entre-Deux-Mers, Chablis, Riesling, etc.

Pour le caviar, la vodka vient tout de suite à l'esprit, pourquoi pas ? Mais cette solution risque d'être préjudiciable pour le vin qui va suivre. Une excellente solution consiste à servir une cuvée de prestige du vignoble champenois (Dom Pérignon, Dom Ruinart, Cuvée Grand Siècle, Comtes de Champagne, Cristal Roederer, etc.).

Pour les poissons et les crustacés, la préparation est déterminante. Sur un poisson en sauce, il faut choisir un vin plus souple que sur un poisson grillé ou meunière.

Pour les poissons en sauce, il existe des accords classiques : vin blanc de la Côte de Beaune, de Pessac-Léognan, de l'Hermitage, etc., mais il est également possible de sacrifier à une nouvelle tendance (qui ne fait que reprendre ce qui se faisait jadis) en proposant des vins légèrement moelleux : Coteaux de l'Aubance (Anjou) Cérons, (Bordelais), Vouvray demi-sec (Touraine),...

PHOTO : BRUNET

Muscadet, Riesling, Savennières, Beaujolais blanc, Cassis blanc, Meursault, Condrieu, Jasnières, Collioure blanc, Orvieto, Champagne, etc
Vin rouge avec certaines préparations, exemple : lamproie à la bordelaise et Saint-Emilion.

Pour les poissons meunière ou grillés : Muscadet, Entre-deux-Mers, Sancerre, Riesling, Corbières blanc, etc., donnent d'excellents résultats. Sur les rougets grillés, pensez aux vins de Provence !

Les vins issus de Sauvignon (Sancerre, Pouilly-Fumé,...) accompagnent bien ***les poissons fumés.***

Pour les viandes, comme pour les poissons, la préparation est déterminante. Qui plus est, on ne sert pas le même vin avec une viande blanche et avec une viande rouge.

- Sur une viande blanche, il faut prévoir un vin rouge léger (Beaujolais, Chinon, Bourgueil, Minervois, ... mais aussi Margaux, Chambolle-Musigny, ...).
- Sur une viande rouge : filet de bœuf en croûte, tournedos poêlé (mais aussi volaille rôtie), la plupart des vins rouges de Bordeaux ou de Bourgogne conviennent parfaitement. Mais il ne faut pas oublier les vins de la Vallée du Rhône, du Languedoc, du Sud-Ouest, ...

PHOTO : BRUNET

Viande blanche, viande rouge, volaille, gibier ?
Grillée, rôtie, poêlée, braisée ?

- **Sur les gibiers,** il est possible de rester sur les mêmes régions, mais en privilégiant les vins les plus corsés : Pauillac, Pomerol,... pour le Bordelais, Corton, Pommard, Gevrey-Chambertin pour la Bourgogne ; Côte Rôtie, Hermitage, pour la Vallée du Rhône ; Madiran, Cahors, pour le Sud-Ouest, …

Avec les fromages : pendant très longtemps, seuls les vins rouges semblaient pouvoir accompagner les fromages. Puis les choses ont évolué, depuis quelques années, les vins blancs sont de plus en plus présents (parfois, un peu trop…). Il faut savoir raison garder. Certains fromages appellent un vin blanc, d'autres un vin rouge (voir les tableaux pour chaque région chapitre 8). Mais il est souvent difficile de trouver un vin qui accompagne parfaitement l'ensemble d'un plateau. C'est la raison pour laquelle il serait parfois souhaitable de se limiter à une famille de fromages, par exemple, les pâtes persillées. Dans ce cas, vous pouvez proposer : un grand vin blanc du type Sauternes, un vieux Porto ou un vieux Banyuls, etc.

Il existe d'autres accords dont certains peuvent être considérés comme classiques : **Crottin de Chavignol et Sancerre, Comté et vin jaune du Jura, Munster et Gewurztraminer, etc.**

Avec les desserts : il faut éviter les vins trop secs, ce qui est parfois le cas du Champagne brut.

Certains vins moelleux et liquoreux (Sauternes, Barsac, Coteaux du Layon,...) sont souvent considérés comme des vins de desserts. Il est vrai qu'ils accompagnent bien les tartes (aux poires, aux pommes, aux mirabelles...) et certains entremets. Mais là aussi, il est possible de faire preuve d'originalité en proposant par exemple : un Pommeau de Normandie ou de Bretagne sur une tarte Tatin, un vieux Rivesaltes ambré sur une crème brûlée, un Muscat de Beaumes-de-Venise sur une salade de fruits, un Champagne rosé demi-sec sur les desserts à base de fruits rouges, un vin jaune du Jura sur un dessert aux noix, un Muscat de Samos (Grèce) avec les desserts à base de miel, un vieux Maury ou un vieux Banyuls sur un dessert au chocolat. Sur ce dernier, il est également possible de proposer une liqueur à l'orange ou un peu de vieil Armagnac.

Vin blanc ou vin rouge ?

PHOTO : BRUNET - LA CLOCHE À FROMAGE - STRASBOURG

PHOTO : BRUNET

PHOTO : BRUNET

Champagne ? Vin blanc moelleux ? Vin blanc liquoreux ? Vin rosé doux ? Vin doux naturel ? Vin de liqueur ? Eau-de-vie ? Liqueur ?

PHOTO : BRUNET - EQUIP'HÔTEL

13. Les vins du monde

Bien que cette partie ne figure pas implicitement dans les programmes, il nous a paru intéressant de faire une présentation succincte des principaux pays producteurs de vin dans le monde.

Principales régions de production de vin dans le monde

*(extrait de l'ouvrage « Le vin et les vins étrangers » Éditions BPI *)*

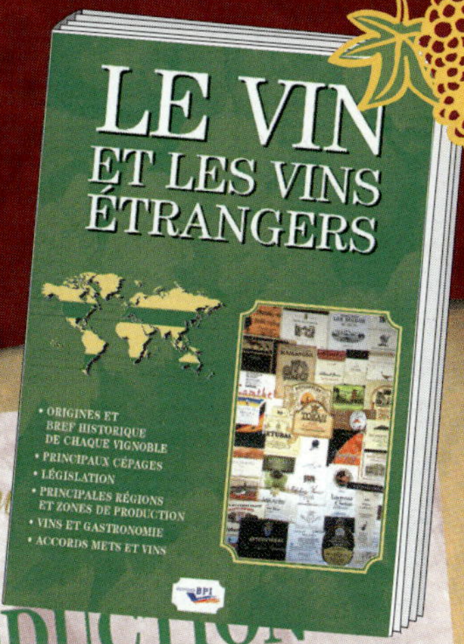

PRINCIPALES RÉGIONS DE PRODUCTION DE VIN DANS LE MONDE

Contrairement à une opinion très répandue, la vigne n'est pas cultivée dans le monde entier. En revanche, elle est présente sur les cinq continents, mais essentiellement dans les zones favorables à son développement, c'est-à-dire au voisinage des quarantièmes parallèles nord et sud.

Bien évidemment, les dates des vendanges sont différentes selon que l'on se trouve dans l'hémisphère nord ou dans l'hémisphère sud. Par exemple, en Australie, les vendanges commencent en janvier dans les régions les plus chaudes, pour se terminer en mai dans les régions les plus fraîches.

SOURCE ANIVIT

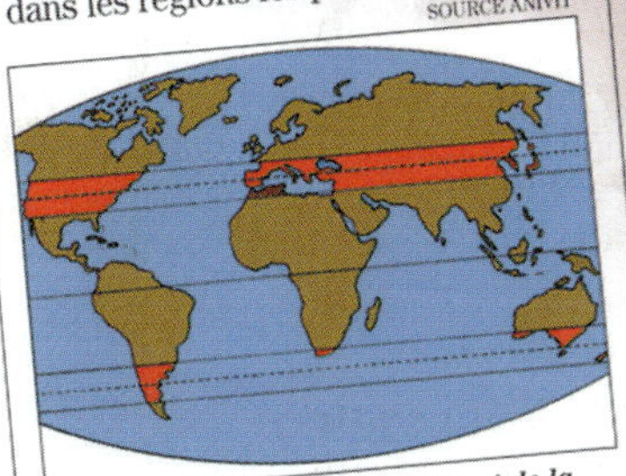

Zones favorables au développement de la vigne... au voisinage des 40e parallèles Nord et Sud

SOURCE : CONSEJO REGULADOR JEREZ (PRENSA)

Jerez (Espagne)

Tokay (Hongrie)

Europe

Italie

Espagne

Moldavie

Suisse

Chypre

PAYS	PRINCIPALES RÉGIONS OU ZONES DE PRODUCTION (liste non limitative)	OBSERVATIONS
AUTRICHE	Burgenland, Steiermark (Styrie), Niederösterreich (Basse Autriche) Vienne.	Les vignobles sont situés essentiellement dans la partie est du pays. Vienne est la seule capitale à posséder un vignoble important.
ALLEMAGNE	Arh, Mittelrhein, Mosel-Saar-Ruwer, Rheingau, Nahe, Rheinhessen, Rheinpfalz, Franken, Hessische Bergstrasse, Würtemberg, Baden. Saale-Unstrut, Sachsen.	Les vignobles sont situés essentiellement sur les rives du Rhin et de ses affluents. Chaque région est divisée en "Bereich". L'Allemagne produit surtout des vins blancs.
BULGARIE	Vallée du Danube, Mer Noire, Plaine de Thrace, Vallée des Roses, Vallée de la Strouma.	Une nouvelle législation (2000) et des investissements étrangers vont permettre à ce pays de renouer avec une longue tradition vinicole.
CROATIE	Croatie continentale, Zone côtière.	La vigne est présente sur l'actuel territoire de la Croatie depuis plus de 25 siècles.
C.E.I Ex URSS	Républiques de : Moldavie, Ukraine (Crimée), Azerbaïdjan, R.S.F.S de Russie, Ouzbékistan, Géorgie...	Les vins de Moldavie ont beaucoup de succès à l'exportation. Ce sont surtout ceux de Crimée (Massandra) qui font la renommé des vins ukrainiens.
CHYPRE	Troodos (septentrional, méridional et occidental), Marathasa, Pitsilia, Commandaria.	Les vignobles occupent surtout la partie sud-ouest de l'île. Le vin le plus connu est incontestablement le COMMANDARIA.
ESPAGNE	Andalousie, Aragon, Catalogne, Castille, Galice, Murcie, Navarre, Rioja, Valence, Pays Basque, Baléares, Canaries...	L'Espagne a le vignoble le plus important du monde. On y produit tous les types de vins dont les différents Jerez et le Vega Sicilia...

PAYS	PRINCIPALES RÉGIONS OU ZONES DE PRODUCTION (liste non limitative)	OBSERVATIONS
FRANCE [1]	Alsace, Bordeaux, Bourgogne, Jura, Champagne, Savoie, Vallée du Rhône, Provence, Languedoc, Corse, Roussillon, Sud-Ouest, Val de Loire...	(1) Pour la France, reportez-vous à l'ouvrage **"LE VIN ET LES VINS AU RESTAURANT"** par Paul Brunet. Editions B.P.I.
GRANDE-BRETAGNE	Essentiellement dans les comtés de : Kent, Sussex, Suffolk...	La vigne est présente en Grande-Bretagne depuis l'époque romaine. Pour des raisons climatiques évidentes les meilleurs résultats sont obtenus dans le sud du pays.
GRÈCE	Péloponnèse, île de Crète, Grèce Centrale et île d'Eubée, Dodécanèse, Macédoine & Thrace, Epire, îles Ioniennes, Thessalie, îles de la Mer Egée, Cyclades.	En Grèce "berceau du vin", chaque région comporte différentes appellations. Exemple : Néméa pour le Péloponnèse, Sitia en Epire, Muscat de Samos pour les îles de la mer Egée…
HONGRIE	Grande Plaine (Alföld) Transdanubie du nord Transdanubie du sud Hongrie Septentrionale.	Le vin le plus connu est le Tokay "le roi des vins, le vin des rois" selon Louis XIV. Mais la Hongrie produit également toute une gamme de vins classiques.
ITALIE	(1)Piémont, Val d'Aoste, Lombardie, Vénétie, Trentin-Haut-Adige, Frioul, Vénétie-Julienne. (2)Emilie-Romagne. (3)Marches, Abruzzes, Molise, Pouilles. (4)Ligurie, Toscane, Ombrie, Latium, Campanie, Basilicate, Calabre, Sicile. (5)Sardaigne	(1)Région Nord (2)Italie centrale. (3)Adriatique (4)Mer Tyrrhénienne. (5)Méditerranée Chaque région comporte de nombreuses appellations (D.O.C. ou D.O.C.G.) parmi les plus connues : Chianti, Barolo, Barbaresco, Asti, Brunello di Montalcino, Vino Nobile di Montepulciano, Marsala, Lambrusco…
LUXEMBOURG	Moselle Luxembourgeoise.	Le Luxembourg produit essentiellement du vin blanc, sur les rives de la Moselle.
MALTE	Etant donné la taille du vignoble, on ne peut pas parler de différentes régions de production.	Cette île de la Méditerranée, qui adhère à l'U.E., produit des vins dignes d'intérêt.
PORTUGAL	Vinho Verde, Douro*, Dao, Bairrada, Bucelas, Colares, Algarve, Alentejo, Ribatejo, Setubal, Madère**, etc.	Le Portugal offre toute une gamme de vins allant des vins légers (Vinho Verde) aux vins généreux (Porto, Madère, Setubal…). * Douro : région de production du Porto. ** île de l'Atlantique.
RÉPUBLIQUE TCHÈQUE	Bohême, Moravie.	Les vignobles sont surtout présents en Moravie, près des affluents du Danube.
ROUMANIE	Plateau de Transylvanie, Moldavie, Collines de la Valachie et de l'Olténie, Région de Banat, Collines de la Dobroudja...	La Roumanie possède une longue tradition vinicole et des conditions climatiques favorables. Les hybrides laissent de plus en plus la place aux cépages nobles.
SLOVAQUIE	Région des Petites Carpates, Nitra, Tokay...	Vins de bonne qualité, mais restriction pour utiliser l'appellation "Tokay".
SLOVÉNIE	Primorski (zone côtière), Vallée de la Drava, Vallée de la Sava.	Très tôt après l'indépendance, et avec succès, l'aspect qualitatif a été privilégié.
SUISSE	(1) : Valais, Pays de Vaud, Canton de Genève, Neuchâtel, lac de Bienne, Fribourg. (2) : Zurich, Schaffhouse, Argovie, une partie des Grisons, etc. (3) Tessin ; Grisons (une partie). Les vignobles sont situés essentiellement dans la partie est du pays.	La Suisse est le pays du Chasselas, mais elle produit également toute une gamme de vins dont les fameuses "spécialités" du Valais et le Merlot du Tessin. (1) En Suisse romande. (2) En Suisse orientale. (3) En Suisse italienne.

On produit également des vins au Kosovo, en Serbie, au Monténégro…

Proche-Orient

Turquie

Israël

Liban

PAYS	PRINCIPALES RÉGIONS OU ZONES DE PRODUCTION (liste non limitative)	OBSERVATIONS
LIBAN	**Plaine de la Bekaa, région de Sayda...**	Les vignobles sont situés essentiellement en altitude, dans la plaine de la Bekaa.
ISRAËL	**Zikhron-Yaacov (Zichron-Jacob), Richon-le-Zion, Judean Hills, Galilée...**	La vigne est cultivée sur le territoire actuel de l'État d'Israël depuis la plus Haute Antiquité comme l'attestent les récits bibliques.
TURQUIE	**Thrace et Marmara, Anatolie, Régions de la mer Egée & de la Méditerranée.**	C'est sur l'actuel territoire de la Turquie que se trouve le mont Ararat, où se serait échouée l'arche de Noé, considéré comme le premier vigneron du monde.

Amérique

SOURCE : COMISIÓN NACIONAL DE PROMOCIÓN DE VINOS ARGENTINA

Argentine

Mexique

Chili

Uruguay

États-Unis (Californie)

PAYS	PRINCIPALES RÉGIONS OU ZONES DE PRODUCTION (liste non limitative)	OBSERVATIONS
ÉTATS-UNIS	**État de Californie :** Napa, Sonoma, Mendocino, Monterey, Alameda, San Benito, Santa Clara, Santa Cruz, Santa Barbara, San Luis Obispo, San Joachim, Madera, Sacramento, Fresno, Région de Foothills, San Diego, Riverside, San Bernardino. **État de l'Oregon, État de Washington, États de New York, Virginie, Michigan, Ohio, Pennsylvanie, Texas, etc.**	Trop souvent, dans l'esprit de beaucoup de personnes, le vignoble des USA se limite à la Californie et la Californie à la Napa Valley. Il est vrai que la Californie représente à elle seule plus de 80 % de la production. Mais la vigne est présente dans d'autres États de l'ouest : Oregon, Washington, etc. Elle est également présente sur la côte est : État de New York, Pennsylvanie, etc.
CANADA	**Ontario :** Péninsule du Niagara, Lac Erié, Île Pelée **Colombie-Britannique.**	Malgré des conditions climatiques difficiles, le Canada produit des vins de qualité dont le plus connu est le "vin de glace".
MEXIQUE	**Baja California ; Sonora, Aguascalientes, Queretaro...**	Les vins de la Baja California sont les plus connus. Mais on élabore aussi des vins à 150 kilomètres de Mexico, à 2 000 m d'altitude.

ARGENTINE	**Mendoza, San Juan, La Rioja, Rio Negro & Neuquen, Salta...**	Les vignobles sont surtout présents dans la région de Mendoza au pied de la Cordillère des Andes.
BRÉSIL	**Rio Grande do Sul, Sáo Paulo, Santa Catarina, Parana, Minas Gerais, Pernanbuco**	Les meilleurs vins sont ceux qui sont issus de vitis vinifera produits dans la région de Rio Grande do Sul. Importante production de vins effervescents.
CHILI	**Valle del Aconcagua, Valle de Casablanca, Valle del Maipo, Valle del Rapel, Valle de Curicó, Valle del Maule...**	Du nord au sud, le Chili s'étend sur plus de 4 000 kilomètres. Les vignobles sont situés au centre du pays, essentiellement au sud de Santiago, la capitale.
URUGUAY	**Canelones** (près de Montevideo), **Colonia, Durazo, Riviera et Bella Union.**	Dans ce petit pays, dont le Tannat est devenu l'emblème, la viticulture occupe une place importante.

On produit également un peu de vin au Pérou, en Bolivie, au Paraguay...

Afrique

Afrique du Sud

Tunisie

Algérie

SOURCE : WOSA WINES OF SOUTH AFRICA

Stellenbosch - Afrique du Sud

Maroc

PAYS	PRINCIPALES RÉGIONS OU ZONES DE PRODUCTION (liste non limitative)	OBSERVATIONS
AFRIQUE DU SUD	**Costal région (Constancia, Stellenbosch, Paarl...) Olifants région, Breed river région, Klein Karo région...**	Certaines régions bénéficient d'un climat méditerranéen, d'autres sont des régions chaudes et désertiques d'où la nécessité d'irriguer.
ALGÉRIE	**Coteaux de Tlemcen, Monts du Tassala, Coteaux de Mascara, Coteaux de Zaccar, Darha, Médéa, Aïn-Bessem-Bouira.**	Les vignobles sont surtout situés à proximité de la Méditerranée. Depuis l'indépendance, la production a été divisée par vingt.
MAROC	**Région Orientale, Région de Meknès-Fès, Région du Rharb, Région de Casablanca.**	Les vignobles les plus importants sont situés dans la région de Meknès. Les gros efforts qualitatifs entrepris au début des années 1990 donnent d'excellents résultats.
TUNISIE	**Région du Cap Bon** (Muscat), **de Tunis, de Bizerte, de Tebourba-Mateur.**	Les vignobles sont localisés essentiellement autour du golfe de Tunis. Les vins tunisiens, très appréciés sur place par les nombreux touristes, ont beaucoup de succès à l'exportation.

On produit également un peu de vin en Egypte, au Zimbabwe, à Madagascar...

Océanie

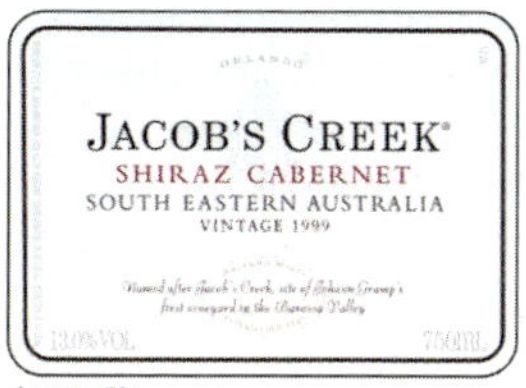

Australie

Australie (Tasmanie)

Nouvelle-Zélande

SOURCE : AWEC

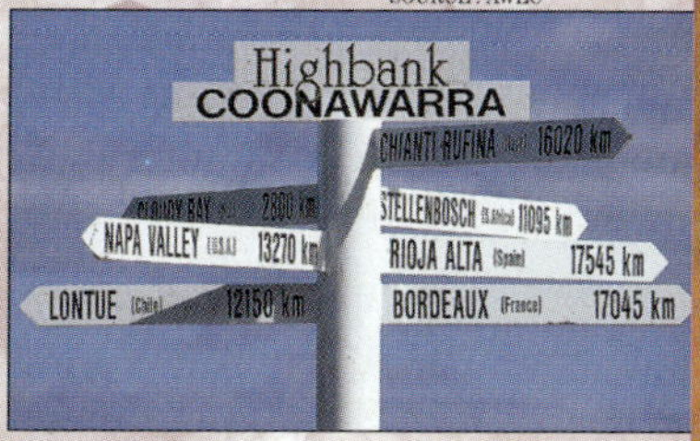

Australie

PAYS	PRINCIPALES RÉGIONS OU ZONES DE PRODUCTION (liste non limitative)	OBSERVATIONS
AUSTRALIE	**(1)Hunter Valley, Mudgee, Cowra, Orange, Riverina… (2) Goulburn Valley, Pyrénées, Yarra Valley, Geelong… (3) Barossa Valley, Eden Valley, Clare Valley, Coonawarra, Riverland, Padthaway… (4) Margaret River, Swan District, Great Southern, Perth Hills… (5) Northern Tasmania, Southern Tasmania. (6) Granite Belt, South Burnett.**	Pour des raisons climatiques évidentes, les vignobles sont localisés dans la partie sud du pays. (1) Nouvelle Galles du Sud. (2) Victoria. (3) Australie méridionale. (4) Australie occidentale. (5) Tasmanie. (6) Queensland Au cours de ces dernières années, les superficies plantées en vigne et les exportations ont doublé !
NOUVELLE-ZELANDE	**(1) Northland & Matakana, Auckland Area, Waiheke Island, Hawkes Area,Waikato & Bay of Plenty, Gisborne, Hawkes'Bay, Wairarapa. (2) Malborough, Nelson, Canterbury, Otago.**	Depuis une vingtaine d'années la viticulture néo-zélandaise, qui bénéficie de conditions climatiques favorables pour élaborer des vins de qualité, connaît une expansion remarquable. (1) Île du nord. (2) Île du sud.

Asie

Japon

Chine

Thaïlande

PAYS	PRINCIPALES RÉGIONS OU ZONES DE PRODUCTION (liste non limitative)	OBSERVATIONS
CHINE	**Golfe de Bohai, Turufan, Weivu, Shacheng, Qingxu, Fleuve Jaune, Yinchuan, Nord-est et Yunnan**	La région du Golfe de Bahaï, à proximité de Pékin, est la zone la plus importante et la plus réputée. On y cultive essentiellement des cépages européens.
JAPON	**Sur les 4 îles : Honshu, Shikoku, Hokkaïdo et Kyushu.**	La vigne est surtout présente dans la préfecture d'Yamanashi, dans la région du Kofu. Les vins de cette région sont parmi les plus renommés du pays.
THAÏLANDE, VIETMANN, INDE…	**Voir pour chaque pays dans le chapitre "Asie"**	Bien que n'ayant pas une production très importante, ces pays doivent être cités.

*Pour plus d'informations reportez-vous à l'ouvrage
« Le vin et les vins étrangers »
(Grand prix de l'Académie Nationale de Cuisine) **par Paul Brunet. Éditions BPI.**

Remerciements

L'auteur exprime toute sa gratitude aux personnes et aux organismes qui lui ont apporté leur soutien lors de la rédaction de cet ouvrage, soit en lui faisant parvenir de la documentation, soit en lui permettant de reproduire certains documents. Il est difficile de citer toutes les personnes contactées, surtout au niveau des étiquettes. Que ceux et celles qui ne figurent pas dans cette liste sachent que l'auteur a été très sensible à leur collaboration : l'envoi d'une étiquette, la confirmation d'une anecdote, sont autant de gestes pour lesquels il leur adresse ses remerciements les plus sincères.

ANIVIT - Paris, en particulier à Monsieur J. L. Maillard
SOPEXA - Paris, en particulier au service Communication
BUREAU NATIONAL Interprofessionnel du Cognac - Cognac
BUREAU NATIONAL Interprofessionnel de l'Armagnac - Eauze
BUREAU NATIONAL Interprofessionnel des Calvados, Eaux-de-vie de cidre et de poiré - Caen
COMITE INTERPROFESSIONNEL des vins de Champagne (Mme Batonnet) - Epernay
CONSEIL INTERPROFESSIONNEL des vins de Bordeaux - Bordeaux
CONSEIL INTERPROFESSIONNEL des vins du Médoc - Bordeaux
BUREAU INTERPROFESSIONNEL des vins de Bourgogne (Monsieur Servant) - Beaune
COMITE INTERPROFESSIONNEL des vins d'A.O.C. Côtes du Rhône
et de la Vallée du Rhône (Mme Olivetti) - Avignon
COMITE DE PROMOTION des vins de Châteauneuf-du-Pape - Châteauneuf-du-Pape
COMITE INTERPROFESSIONNEL des vins de Nantes - La Haie-Fouassière
CONSEIL INTERPROFESSIONNEL des vins d'Anjou et de Saumur - Angers
CONSEIL INTERPROFESSIONNEL des vins d'Alsace - Colmar
CONSEIL INTERPROFESSIONNEL des vins de Provence (Monsieur Millo) - Les Arcs
G.I.P. des Côtes du Roussillon (Mme Ontivero) - Perpignan
UNION VITICOLE Sancerroise - Sancerre
CONSEIL INTERPROFESSIONNEL des vins du Languedoc - Département de l'Hérault
CHARTE INTERCOMMUNALE des Coteaux de l'Orb et du Vernazobres (Faugères, Saint-Chinian)
- Saint-Chinian
DISTILLERIE Bertrand - Uberach
COMITE FRANÇAIS du Café - Paris
CACAO BARRY - (Mme Fontaine) - Meulan
PHOTOTHEQUE CDT JURA (Monsieur Michel) - Lons-le-Saunier
CHAMPAGNE RUINART - Reims
SERGE DUBS - Illhaeusern
GIUSEPPE VACCARINI - Président de l'Association de la Sommellerie Internationale - Milan (Italie)

BIBLIOGRAPHIE

- « Le vin et les vins au restaurant » par Paul Brunet
  Éditions BPI - Grand prix de l'Académie Nationale de cuisine.
- « Le vin et les vins étrangers » par Paul Brunet
  Éditions BPI - Grand prix de l'Académie Nationale de cuisine.
- « Pratique du bar et des cocktails » par Michel Caihol et Bernard Grosselin
  Éditions BPI.
- « Savoirs et techniques de restaurant » Tome 1, Tome 2, par Christian Ferret
  Éditions BPI.
- « L'histoire de la vigne et du vin »
  Anivit.
- « La vigne et les vins de table et de pays »
  Anivit.
- « L'Hôtellerie - Restauration ».
- « La Journée Vinicole ».

Création et exécution : Altus Communication (91)
Achevé d'imprimer en juillet 2008 sur les presses de l'imprimerie Bona (Turin - Italie)
3e trimestre 2008 - N° Éditeur : 555